LE PETIT
Nourri-Source

5ᵉ édition révisée (2010)

Guide pratique pour l'allaitement maternel

Fédération Québécoise Nourri-Source
110 Ste-Thérèse, bur. 001
Montréal (Québec), Canada, H2Y 1E6

Révision et rédaction : Isabelle Cloutier
Correction : Chantal Lemoine
Mise en pages : Luc Jacques, Compomagny
Couverture : CompoMagny et Les Graphoïdes
Photo de la page couverture : Vertical Studio Photo www.verticalphoto.com
Photo 4e de couverture : Diane Giroux
Illustrations : Richard Champagne

ISBN 978-2-9802672-7-7 (5e édition révisée, 2e trimestre 2008)
1re édition en janvier 1992 sous le titre « Le P'tit Nourri-Source »

Dépôt légal : 1er trimestre 2010
Bibliothèque nationale du Québec
Bibliothèque nationale du Canada

Remerciements

C'est en 1992 que la première édition du « Petit Nourri-Source » est née. Depuis, le livre n'a cessé de grandir grâce au travail de plusieurs personnes fortement impliquées à divers moments dans le mouvement : Liette Bernier, Lucie Bazinet, Francine Boisvert, Hélène Guay, Josée Langlois, Danielle Provost, Lise Thomas, Patricia Morin, Guylaine Cyr, Fabienne Mathieu, Nicole Lafortune, Roxanne Gendron. Merci à Pascale Turcotte, Françoise Railhet et Claude Giguère. Que tous ceux et celles qui ont contribué à la présente édition soient personnellement remerciés !

Nous adressons un merci spécial à Vertical Studio de Laval, ainsi qu'à Suzanne May et son fils Alexis pour la photo de la page couverture. Nous tenons aussi à souligner la contribution de Guillemette Gautier, photographe, et de ses modèles pour certaines des photos d'allaitement de la 5e édition. Merci aussi à toutes celles qui nous ont fait parvenir leurs plus beaux clichés d'allaitement et de tendresse en famille.

Nous souhaitons aussi exprimer notre reconnaissance aux membres du comité de lecture de la 5e édition 2004, soit Mélanie Gingras B.Sc.inf. IBCLC, Jack Newman M.D., ainsi que Suzanne Dionne M.D. pour leur disponibilité ainsi que leurs commentaires pertinents et constructifs.

Nous remercions les partenaires financiers de cette 5e édition révisée, qui nous permettent de maintenir notre livre à un prix compétitif et abordable pour les parents (voir à la fin du livre la liste de nos généreux partenaires).

Enfin, nous tenons à souligner l'immense travail d'Isabelle Cloutier, membre du conseil d'administration de la Fédération Québécoise Nourri-Source, qui a effectué bénévolement la révision et la mise à jour de la présente édition et de celle de 2004.

Bonne lecture !
Le conseil d'administration de la Fédération Québécoise Nourri-Source.

Préface (5e édition révisée)

Le Petit Nourri-Source a vu le jour il y a plusieurs années grâce au travail de six femmes très engagées dans l'organisme de soutien à l'allaitement Nourri-Source. Le document initial a été rédigé sous la coordination de Mme Liette Bernier, infirmière et fondatrice de Nourri-Source.

C'est avec beaucoup de fierté que nous vous présentons aujourd'hui **Le Petit Nourri-Source 5e édition révisée**. Nous souhaitions qu'il demeure un document simple, accessible à tous, autant pour les parents que pour les intervenants en santé. Le livre vous offrira des explications claires pour mieux comprendre les étapes de l'allaitement maternel ainsi que les différentes situations qui peuvent être rencontrées en cours de route.

Nous dédions ce document à toutes les personnes qui choisiront l'allaitement ou qui allaitent et à tous ceux et celles qui soutiennent cet acte d'amour et ce gage de meilleure santé, inestimable don de vie.

* * *

Je suis dans l'obscurité la plus totale mais la tiédeur des eaux qui m'enveloppent me rassure. Tout doucement, je ballotte au rythme de ses mouvements.

Quelquefois, je lui fais sentir ma présence... Alors, elle frotte tout doucement son ventre, ravie de me savoir bien vivant. Je vis en elle et je suis bien.

Tout à coup, il y a tempête dans mon petit nid. Je me sens bousculé... l'endroit devient moins calme... J'ai l'impression que je vais devoir quitter les lieux...

Maintenant, le calme est revenu. Un souffle sur ma joue, des mots doux à mon oreille et le contact charnel m'apportent le bien-être.

Blotti contre elle, je me sens si bien... ! Elle me caresse et me couvre de baisers. Elle m'offre son sein... nous nous aimons.

Petit à petit, je distingue ce visage et son sourire m'apaise. Je lui donne un nom : Maman.

Source intarissable d'amour et de réconfort, permets-moi, aujourd'hui, de te dire que je t'aime.

Francine Boisvert, marraine d'allaitement

Table des matières

Introduction

Qu'est-ce que Nourri-Source?

La Fédération Québécoise Nourri-Source est un organisme à but non-lucratif dont la mission est de promouvoir, supporter et protéger l'allaitement maternel au Québec. La Fédération regroupe des corporations Nourri-Source actives dans plusieurs régions administratives du Québec. Ces organismes régionaux sont constitués de groupes Nourri-Source locaux, organisés par territoire de CLSC et de MRC. Les groupes locaux (appelés « secteurs ») sont composés de femmes bénévoles (plus de 700 au Québec). Ces femmes, les marraines d'allaitement, ont déjà allaité un ou plusieurs enfants avec succès et elles ont choisi d'offrir soutien et informations aux mères et aux couples qui désirent vivre l'expérience de l'allaitement maternel. Nourri-Source a la particularité d'être associé au réseau de la santé et des services sociaux, et jusqu'à maintenant plus d'une quarantaine de CLSC sont partenaires de à Nourri-Source.

Objectifs

L'objectif de Nourri-Source est d'apporter du soutien aux femmes et aux couples qui ont choisi que leurs bébés soient allaités. Nous informons aussi les parents et la population en général au sujet de l'allaitement maternel afin que celui-ci redevienne le mode d'alimentation choisi spontanément pour les bébés.

Services offerts

Marrainage

Service de jumelage téléphonique gratuit avec une mère expérimentée et informée (la marraine d'allaitement) qui offre bénévolement aux mères et aux conjoints soutien, encouragement et conseils techniques au sujet de l'allaitement.

Animation

Séances d'informations et témoignages sur l'allaitement maternel organisés périodiquement, s'adressant aux futurs parents en période pré ou postnatale. Les thèmes qui sont la plupart du temps abordés lors des rencontres prénatales sont :

- *Anatomie et physiologie du sein, processus de la lactation, mythes concernant l'allaitement, comment vivre un allaitement réussi et comment résoudre les petites difficultés qui peuvent survenir.*

Haltes-allaitement

Certains groupes Nourri-Source organisent des haltes-allaitement, une activité où parents (ainsi que futurs parents) et marraines d'allaitement peuvent se rencontrer pour échanger sur l'allaitement et obtenir différents services.

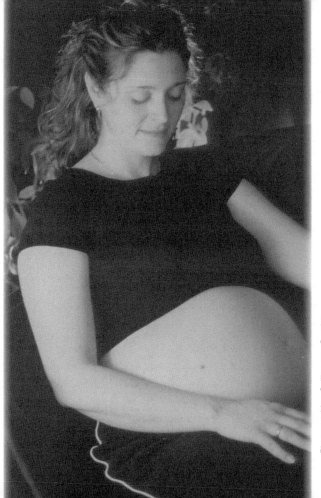

Photographie : C. Leduc Wendover

Chapitre 1 : Merveilles de la lactation et de l'allaitement

Quelques-uns des nombreux avantages de l'allaitement maternel

- L'allaitement maternel est **le seul moyen naturel** de nourrir un bébé, il permet de créer un lien d'attachement fort en comblant tous ses besoins simultanément lors de la tétée.

- L'allaitement maternel est **pratique et économique** ; il est impossible d'oublier le sein quelque part… ! Rien à préparer ou à apporter !

- Le lait maternel est un **lait vivant**, d'une supériorité inégalable, qui s'adapte parfaitement à l'âge et aux besoins de votre nourrisson. Les lipides spécifiques au lait maternel (acides gras essentiels **d'origine humaine**) ainsi que d'autres substances jouent un rôle fondamental dans le développement de son cerveau. (AUCUNE PRÉPARATION COMMERCIALE POUR NOURRISSONS NE PEUT RESSEMBLER ET AVOIR LES VERTUS DU LAIT MATERNEL.)

- Le colostrum, la substance nutritive précédant le lait au cours des premiers jours suivant l'accouchement, **fournit un niveau élevé d'anticorps** qui protègent votre bébé contre diverses infections. On le considère comme la « première vaccination ». D'autre part, le lait maternel contient beaucoup d'anticorps protecteurs pendant toute la durée de l'allaitement. Les bébés allaités exclusivement ont **moins de diarrhées et ont un faible risque de troubles gastro-intestinaux.**

- Les bébés allaités exclusivement font **moins d'otites et d'infections respiratoires** et, par conséquent, se retrouvent moins souvent chez le médecin ou à l'hôpital que les bébés nourris aux préparations commerciales pour nourrissons.

- Les bébés allaités exclusivement sont moins sujets au **syndrome de mort subite du nourrisson (SMSN).**
- L'allaitement maternel peut contribuer à long terme à un **risque diminué de cancer** (chez la mère et chez l'enfant).
- Les bébés allaités exclusivement ont un **risque moindre de développer un diabète insulinodépendant** pendant l'enfance, et seraient moins sujet à l'obésité plus tard dans la vie.
- L'allaitement maternel **réduit les risques d'hémorragies** après l'accouchement et permet de perdre plus rapidement le poids accumulé pendant la grossesse.
- L'allaitement maternel **permet un développement optimal de l'enfant**, et cela sur tous les plans (physique, neurologique, intellectuel, etc.) !

Données sur le lait maternel

Les transformations du lait maternel

- **Colostrum** : Cette première substance nutritive produite en fin de grossesse, et pendant les premiers jours suivant l'accouchement, a des propriétés exceptionnelles. Le colostrum a une consistance épaisse et a un goût salé. Il peut être translucide, jaunâtre, orangé ou verdâtre. Il contient entre autres beaucoup de protéines et une très grande quantité d'anticorps qui protègent bébé contre les infections. Il est produit en beaucoup plus petite quantité que le lait maternel mais **il comble entièrement les besoins du bébé au cours des premiers jours de vie.** Le bébé en absorbe environ de une à trois cuillères à thé par tétée, ce qui correspond à la taille de son estomac à ce moment-là (grosseur d'un pois chiche !).

- **Lait de transition** : La mère produit un lait de transition pendant une ou deux semaines après l'accouchement. Il ressemble à un mélange de colostrum et de lait mature, le premier allant en diminuant et le second en augmentant.

- **Lait mature** : Il est produit à partir de la fin de la deuxième semaine après l'accouchement. Sa composition exacte varie continuellement selon les besoins de l'enfant (à tous les jours et même pendant une tétée).

Composition du lait maternel mature

Elle varie selon plusieurs facteurs, notamment le moment de la tétée (début ou fin), l'heure de la journée, l'âge du bébé. Le lait de chaque mère est parfaitement adapté à son bébé et sa composition permet son développement optimal. Le goût du lait maternel change selon ce que vous mangez. À ce jour, les chercheurs ont découvert plus de 200 constituants différents dans le lait maternel, dont les principales composantes sont **l'eau**, les **lipides** (gras et acides gras essentiels), les **protéines** (acides aminés et anticorps), les **glucides** (lactose, oligosaccharides, etc.), les vitamines et les minéraux

- Lors d'une tétée, la concentration en lipides (gras) va en augmentant du début à la fin (le pourcentage de gras du lait maternel varie entre 2 et 5 %[1]). Plus les tétées sont éloignées l'une de l'autre, plus le pourcentage de matières grasses est bas au début de la tétée, remontant par la suite. La proportion de matières grasses du lait maternel s'adapte aussi en fonction de l'âge du bébé afin de répondre à ses besoins du moment.

---

1. Ruth et Robert Lawrence, « *Breastfeeding : A Guide For The Medical Profession 6th edition* », Mosby, 2005, p. 108.

Anatomie et physiologie du sein

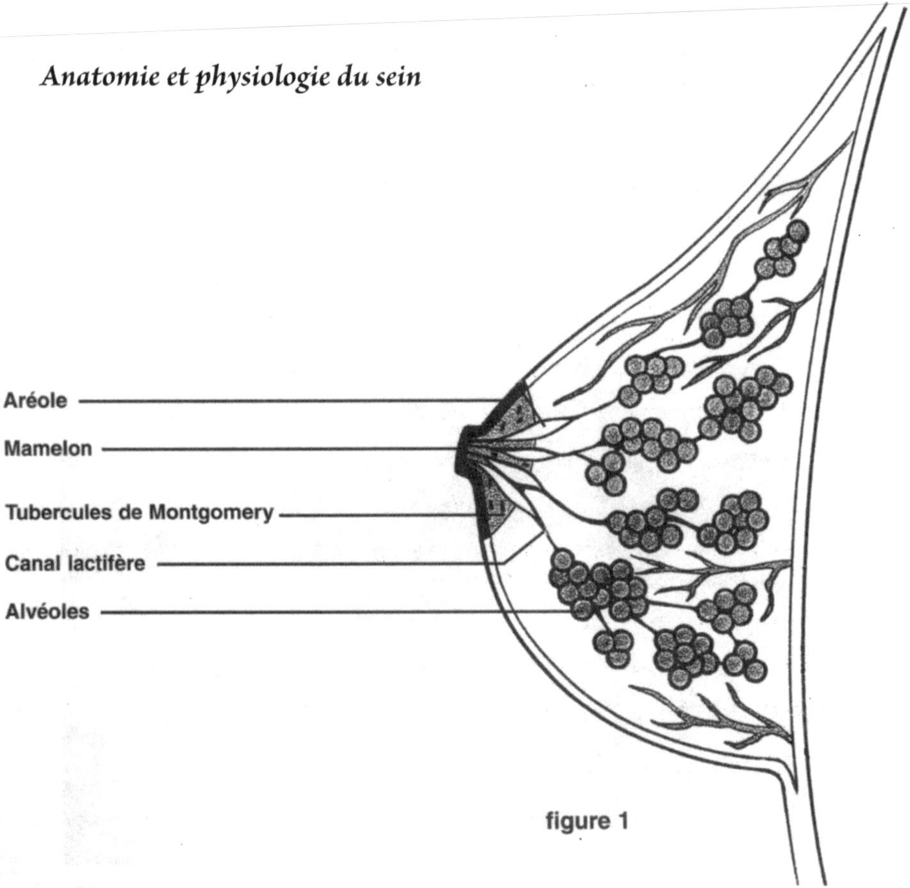

Aréole

Mamelon

Tubercules de Montgomery

Canal lactifère

Alvéoles

figure 1

- Comme pour les matières grasses, il y a aussi une variation dans la quantité de protéines au cours d'une journée : le lait en contient plus en soirée qu'en matinée.

- La concentration des glucides dans le lait maternel varie au cours de la journée. Le lait humain contient beaucoup de lactose (plus en fin d'après-midi que le matin) et d'hydrates de carbone, lesquels favorisent le développement du cerveau du bébé.

Il est important d'offrir au nourrisson un allaitement exclusif et à la demande jusqu'à 6 mois et poursuivre ensuite en ajoutant des aliments variés afin de lui fournir tous les nutriments nécessaires à sa croissance[2].

Anatomie et physiologie du sein

Aréole : Partie circulaire brune entourant le mamelon.

Mamelon : Organe érectile par lequel est éjecté le lait lors de l'allaitement.

Tubercules de Montgomery : Petites glandes qui sécrètent un liquide lubrifiant, parfumant l'aréole et le mamelon, et qui contient des anticorps.

Canal lactifère : Canal dans lequel circule le lait.

Alvéoles : Réservoirs dans lesquels est fabriqué le lait.

Au point de vue physiologique, deux hormones participent principalement à la lactation : la **prolactine** favorise la production du lait maternel et l'**ocytocine** permet l'éjection de celui-ci.

---

2. Toutefois, si le bébé n'est pas nourri exclusivement de lait maternel, ses vertus profitent aussi au bébé.

Chapitre 2 : Alimentation, santé et habitudes de vie

Alimentation pendant l'allaitement

- **Vous pouvez manger de tout**, **de manière équilibrée** : il est inutile de vous priver de manger certains aliments parce que vous allaitez. Généralement, tout cela tient du mythe. Un bébé plus maussade n'est pas nécessairement dérangé par un aliment que vous avez mangé… Bien d'autres raisons peuvent expliquer cela. Malgré tout, si vous et votre conjoint avez des allergies, il se peut que votre bébé ait plus de risques d'en avoir (*voir rubrique « Allergies » p. 88*). Occasionnellement, un bébé peut manifester une « réaction » à un aliment nouvellement consommé par la mère (surtout s'il a une tendance allergique), mais il ne faut pas sauter aux conclusions… Gardez en tête que les **excès** peuvent être la cause d'éventuels inconforts du bébé.

- Vous pouvez allaiter même si vous n'aimez pas consommer des produits laitiers… Cependant, assurez-vous de consommer d'autres aliments riches en calcium et en vitamine D.

- **Évitez de sauter un repas.** Vous pouvez toutefois manger des collations nutritives si vous avez parfois moins le temps de manger un repas complet.

- **Buvez selon votre soif** (mais avant d'être très assoiffée) afin de conserver une bonne hydratation. Un truc : toujours avoir de l'eau fraîche ou du jus à portée de la main.

- L'idéal pour tous les gens – et pas spécifiquement pour la maman qui allaite – est d'avoir une alimentation équilibrée (par exemple se baser sur le « Guide alimentaire canadien »). Malgré tout, vous pouvez allaiter quelle que soit votre alimentation… et vous permettre des écarts bien humains ! Le lait des mères se ressemble malgré les différences de leur alimentation.

- **Consommez avec modération le café, le thé, les boissons gazeuses de type « cola » et le chocolat** (maximum de trois portions par jour d'aliments contenant de la caféine). Prise de façon excessive, la caféine peut causer de la surexcitation chez le bébé (et pour la maman aussi !). Certains médicaments contiennent de la caféine, pensez-y.

- **N'entreprenez pas de régime amaigrissant drastique.** Une perte de poids rapide (4 livres / 1,8 kg par mois et plus, sauf pour la période immédiate après l'accouchement) peut nuire à la production lactée et faire en sorte que certaines substances polluantes contenues dans le gras se retrouvent dans le lait maternel en plus grande quantité qu'à l'habitude. (Malgré ces polluants, votre lait demeure le meilleur aliment pour votre enfant.) Les diètes sévères risquent de vous priver de précieux nutriments. D'autre part, l'allaitement contribue à perdre graduellement le poids gagné pendant la grossesse et vous pouvez aussi faire de l'activité physique, ce qui est bon pour la santé.

Suggestions

- Préparez régulièrement une **boisson énergétique*** pour les moments où vous êtes trop débordée pour manger un repas complet. En ajoutant deux tranches de pain en complément, vous obtenez l'équivalent d'un repas complet. Vous pouvez doubler la recette et conserver l'autre portion au réfrigérateur pour un autre repas (se conserve au froid pendant 24 à 48 heures).

- **Vous ou votre conjoint pouvez préparer des repas à l'avance** ou en plus grosse quantité ; par exemple, faites une double portion et **congelez** la portion non utilisée.

- Vous pouvez faire un **menu à l'avance** pour le casse-croûte du midi et le repas du soir afin d'éviter de sauter un repas.

- Demandez aux parents et amis de vous préparer des repas ou de vous offrir des petits plats congelés… Cela est souvent un cadeau très apprécié des nouveaux parents !

* Recette de boisson énergétique

500 ml	(2 tasses)	lait
125 ml	(1/2 tasse)	lait en poudre
15-45 ml	(1 à 3 c. à table)	levure alimentaire (torula par exemple)
5 ml	(1 c. à thé)	vanille
15 ml	(1 c. à table)	huile (olive, tournesol, canola ou soya)
1		banane
	ou	
60 ml	(1/4 tasse)	fruits au choix

Passez le tout au mélangeur électrique. Vous pouvez y ajouter, au goût, 60 ml (1/4 tasse) de yogourt nature ou de crème glacée. Saupoudrez d'un peu de germe de blé. Bien agiter avant de servir.

Prenez note : Auparavant, ce type de boisson comprenait la plupart du temps un oeuf cru. Cependant, la consommation d'œufs crus comporte un risque de contamination bactérienne par la salmonelle. Pour cette raison, nous recommandons de manger l'œuf cuit à part (brouillé, tourné, cuit à la coque etc.) ou de le remplacer par une autre source de protéines (tartine de beurre d'arachides, morceaux de fromage, etc.).

Alcool

L'alcool passe dans le sang et se retrouve dans le lait maternel. Une consommation régulière d'alcool est déconseillée. Cela peut diminuer le réflexe d'éjection du lait et peut être néfaste pour le nourrisson. Par contre, en petite quantité et de manière **occasionnelle**, cela ne semble pas poser problème. Donc si vous en avez envie, vous pouvez de temps à autre accompagner un bon repas d'un verre de vin ou autre sans craindre pour votre bébé et vous culpabiliser. Lorsqu'il y a consommation d'alcool, les mots clés sont « modérément » et « occasionnellement », et toujours en fonction de l'âge du bébé (plus il est petit et jeune, plus il élimine l'alcool lentement).

Quelques indications :

45 ml (1 1/2 once) de spiritueux OU

150 ml (5 onces) de vin (blanc ou rouge) OU

1 bouteille de bière (350 ml environ)

contiennent la même quantité d'alcool et chacun équivaut à une consommation.

* En moyenne, selon la taille et le poids de la personne, une consommation prend environ 90 à 120 minutes pour s'éliminer de l'organisme. Si l'alcool est pris sur un estomac vide, il est assimilé plus rapidement.

Note : La bière a souvent eu la réputation de favoriser la lactation. Une étude[3] a démontré qu'une substance contenue dans le **malt d'orge** (les bêta-glucanes) **contribuerait effectivement à accroître la lactation** (en

---

3. L.M. Houdebine, L. Sawadogo et H. Sepheri, « *Étude de l'action lactogène de la bière* », Entretiens de Bichat, Expansion Scientifique Française 26 sept. 1990, p. 147-50

augmentant la sécrétion de prolactine chez la mère). On pense aussi que l'effet de la vitamine B contenue dans la levure de bière (tout le complexe B est présent dans la levure de bière) aurait un effet positif sur la production lactée en procurant un meilleur état de santé à la mère. La consommation de bière non-alcoolisée et riche en malt d'orge pourrait donc contribuer à faire augmenter la production lactée au besoin.

Prévention des allergies

Lorsque les parents ont des antécédents d'allergies graves, l'allaitement maternel **exclusif** prend une valeur particulière puisqu'il diminuerait les risques du bébé de développer des allergies. Pour tous les enfants, il est recommandé de n'offrir que le lait maternel au bébé jusqu'à six mois. Avant cet âge, le système immunitaire d'un bébé pourrait mal tolérer l'absorption de protéines étrangères comme celles du lait de vache composant la plupart des préparations lactées pour nourrissons. Vous diminuez donc les risques d'allergies en n'offrant que votre lait à votre bébé *(voir aussi « Coliques et bébé à besoins intenses »)*.

Drogues et allaitement

Il vaut mieux **s'abstenir** de consommer tout type de drogues lorsqu'on allaite. Toutefois, dans le cas des drogues « douces » (marijuana, haschich), des nuances sont maintenant apportées par certains spécialistes de l'allaitement, notamment le pédiatre canadien, Dr Jack Newman. Sans encourager ou suggérer la consommation de drogues douces, il nous rappelle qu'une consommation occasionnelle de marijuana ne justifie pas du tout que la mère n'allaite pas son bébé, cesse son allaitement, tire et jette son lait ou qu'elle lui donne des préparations commerciales pour nourrissons. Les nombreux avantages de l'allaitement l'emportent généralement sur les inconvénients d'une consommation occasionnelle de marijuana. Pour les autres drogues, chaque cas doit être évalué individuellement par un professionnel de la santé.

Tests médicaux

Les radiographies courantes, à base de baryum (repas ou lavement barytés), les scanographies (scanners) et l'imagerie par résonance magnétique n'affectent pas le lait maternel et ne nécessitent aucun arrêt de l'allaitement. Les radiographies faites avec de l'iode non-radioactif contenant des substances contrastantes ne posent également aucun problème. Puisque ces tests sont effectués sur les bébés eux-mêmes sans inconvénients, les mères allaitantes peuvent subir les mêmes examens sans causer quoi que ce soit.

Cependant, les tests de médecine nucléaire (cartographie de la thyroïde ou autres) nécessitent une interruption temporaire de l'allaitement, le temps d'éliminer le produit radioactif utilisé (selon le dosage[4]). La mère, pour maintenir sa lactation, doit alors exprimer et jeter son lait. Il faut toujours prendre des précautions avant un tel test et vérifier. Si vous devez subir ce type d'examen, vous pouvez exprimer votre lait à l'avance pour en faire provision). **Il faut aussi voir avec le médecin s'il y a vraiment urgence de passer de tels tests**, et envisager des alternatives plus compatibles avec l'allaitement.

---

4. Par exemple, un test utilisant du technétium[99] nécessite de 6 à 24 heures d'arrêt d'allaitement, et l'iode[123] nécessite de 12 à 24 heures d'arrêt, pendant lequel la mère doit exprimer et jeter son lait pour entretenir la lactation. Réf. « *Medications and Mothers' Milk* », Thomas W. Hale PhD, 2008, Pharmasoft Publishing.

Il vaut toujours mieux s'informer d'avance de l'innocuité du test/produit utilisé auprès de la Ligne IMAGe du CHU Ste-Justine, ainsi que **prévenir le médecin ou le technicien** qu'on est en période d'allaitement de façon à ce qu'il choisisse le produit en conséquence.

Médicaments

La plupart des médicaments qui passent dans la circulation sanguine pénètrent, jusqu'à un certain point, dans le lait maternel. En général, ce sont de très petites quantités et cela ne cause habituellement aucun problème. Les médicaments d'usage courant (acétaminophène, ibuprofène, pénicilline et antibiotiques courants, laxatifs de type émollient, etc.) sont généralement compatibles avec l'allaitement. Si vous devez prendre un médicament, le médecin pourra très souvent en prescrire un qui convient aux femmes qui allaitent. **Très peu de médicaments requièrent un arrêt même temporaire de l'allaitement.** Les notices des laboratoires pharmaceutiques inscrites sur les boîtes de médicaments ne sont habituellement pas à jour en ce qui a trait à l'allaitement et constituent plus une décharge de responsabilité qu'une notice... Pour avoir une information à jour sur la compatibilité d'un médicament avec l'allaitement, demandez au professionnel de la santé ou au pharmacien de communiquer avec la « Ligne d'information IMAGE » de l'Hôpital Ste-Justine (Montréal)[5], communiquez vous-même avec MotherRisk au 1-877-327-4636 ou contactez votre groupe d'entraide à l'allaitement.

Certains médicaments ne sont pas dangereux pour le bébé MAIS font diminuer la production lactée. C'est le cas des décongestionnants avec pseudoéphédrine. Consultez www.nourri-source.org pour en savoir plus.

---

5. Vous pouvez aussi consulter l'édition la plus récente du livre « Medications and Mothers' Milk » du pharmacologue Thomas W. Hale. Pharmasoft Publishing.

PHARMACIE
MICHÈLE DAOUST
450-438-5079

**303, rue Labelle
Saint-Jérôme**

- **Prescriptions**
- **Accessoires d'allaitement maternel**
- **Location du bloc moteur Medela**
  nécessitant l'achat d'accessoires
- **Produits la Clef des champs**
- **Homéopathie**

Service de livraiso

Polluants et allaitement

Les BPC, pesticides, dioxines et furannes sont emmagasinés dans le gras et excrétés dans le lait de tous les mammifères, dont le nôtre. Les préparations commerciales pour nourrissons contiennent également des polluants, dont des métaux lourds, et le lait des vaches est bien souvent contaminé par les pesticides répandus dans la nature… Tout ceci nous rappelle de prendre soin de notre environnement. Les avantages de l'allaitement maternel demeurent de loin supérieurs aux risques que peuvent représenter ces substances polluantes contenues dans le lait maternel. À l'âge de 5 ans, tous les enfants ont, à peu de choses près, le même niveau de polluants dans leurs tissus car la majorité des polluants sont généralement transférés à l'enfant pendant la grossesse. Vous pouvez diminuer les risques d'exposition à certains contaminants[6], en

- choisissant de préférence les conserves de thon pâle plutôt que de thon blanc;

- limitant à un repas par mois la consommation des poissons frais ou surgelés suivants : espadon, requin, marlin et thon;

- évitant la consommation fréquente d'achigan, de maskinongé, de brochet, de doré, de touladi. Vous pouvez consulter le Guide de poisson et de pêche sportive en eau douce www.mddep.gouv.qc.ca/eau/guide, ou par téléphone au 1-800-561-1616.

---

6. Institut National de Santé Publique du Québec, « *Mieux vivre avec notre enfant : de la grossesse à deux ans* » édition 2009.

Voici les précautions que devrait prendre la population en général à propos des polluants :

- Favoriser la consommation des poissons recommandés et éviter les poissons déconseillés. Choisir de préférence le poisson marin recommandé.

- Éviter la consommation d'huile de poisson (morue, flétan).

- Dégraisser les viandes, volailles, la soupe et jeter les résidus de gras.

- Éviter les diètes amaigrissantes sévères qui font perdre du poids trop rapidement, libérant dans le lait maternel les polluants emmagasinés dans les tissus adipeux.

- Diminuer l'utilisation de pesticides, d'herbicides et d'insecticides à la maison, peler ou bien laver les fruits et légumes frais s'ils ne sont pas issus de culture biologique.

Tabagisme

La nicotine est une substance chimique qui passe dans le sang de la mère ; elle se retrouve aussi dans le lait maternel et dans le sang du bébé. La fumée de cigarette dans l'environnement du bébé favorise les infections des voies respiratoires, les allergies, etc.

L'idéal pour vous et votre bébé est de cesser de fumer. Mais si vous ne pouvez le faire, **les effets positifs de l'allaitement maternel l'emportent sur les effets du tabagisme. Il est donc préférable que vous allaitiez même si vous fumez** ou si quelqu'un d'autre fume dans la maison. Essayez de réduire votre consommation à moins de 15 cigarettes par jour. Même avec une consommation plus élevée, **il sera toujours mieux que vous allaitiez votre bébé afin qu'il puisse bénéficier des avantages de l'allaitement.**

Ce que peut faire un tabagisme maternel <u>excessif</u>

- Peut faire diminuer la production de lait.

- Peut retarder ou diminuer le réflexe d'éjection du lait.

- Changement de goût du lait.

- Peut rendre le bébé plus nerveux, plus agité, lui causer des « coliques ».

- Peut causer un gain de poids plus lent chez le bébé.

Suggestions

- **Allaitez !** ce qui offrira une protection à votre bébé contre les infections respiratoires et d'autres maladies.

- Réduisez le plus possible votre consommation. Il est souhaitable de ne pas dépasser 15 cigarettes par jour.

- Ne pas fumer pendant ou juste avant la tétée, mais plutôt tout de suite après. Évitez de fumer dans la maison (cette dernière consigne est valable pour tous les gens). Aérez la maison car seule l'aération peut disperser la fumée.

- Mangez plus d'agrumes (orange, citron, pamplemousse) ou buvez leur jus riche en vitamine C car le tabac, notamment, détruit cette vitamine rapidement.

- Si vous le désirez, vous pouvez amorcer un programme de cessation du tabagisme pendant l'allaitement, et utiliser des timbres de nicotine ou l'inhalateur Nicorette® pour favoriser le sevrage du tabac (réf. Medication and Mothers' Milk, Dr Thomas W. Hale, 2008). Contactez un centre d'abandon du tabagisme du Gouvernement du Québec, leurs services sont gratuits (rencontres individuelles, de groupe, Ligne et site Internet Oui j'arrête).

Vaccination et allaitement

Tous les vaccins pouvant être administrés à la mère ou au bébé sont compatibles avec l'allaitement. De plus, ils ne nécessitent aucune précaution particulière, en regard de l'allaitement, que ce soit avant, pendant ou après l'administration. Il a été constaté que si le bébé est mis au sein au moins cinq minutes AVANT et laissé au sein pendant l'injection, cela est généralement moins douloureux pour lui et il pleure peu ou pas du tout grâce au bien-être que lui procure l'allaitement et la sécrétion d'endorphines. Les bébés allaités ont une meilleure réponse immunitaire aux vaccins et la mère qui a été vaccinée ou qui a déjà contracté certaines maladies transmet aussi des anticorps spécifiques à son bébé. La nature est merveilleuse, n'est-ce pas?

Chapitre 3 : Conseils généraux pour l'allaitement

Soins des seins quelques semaines avant l'accouchement

Le soutien-gorge :

Selon votre confort, vous pouvez porter un bon soutien-gorge d'allaitement en coton :

- Sans doublure de caoutchouc.
- Attention aux armatures rigides et aux soutiens-gorge très serrés (parfois les canaux lactifères sont trop comprimés, empêchant le lait de bien s'écouler lors de l'allaitement, pouvant faire bloquer un canal ou causer une mastite).
- Pas trop ajusté.
- Offrant un bon support.

Hygiène des seins

Évitez d'utiliser savon, parfum ou produits à base d'alcool sur les mamelons afin de ne pas enlever les lubrifiants naturels et dessécher la peau.

Soins des mamelons

Les mamelons n'ont pas à être préparés de manière particulière en vue de l'allaitement et pour réussir celui-ci. Un examen prénatal des mamelons peut être fait (par un médecin, un professionnel de la santé de votre CLSC ou une personne-ressource en allaitement) afin de dépister les mamelons inversés (lors des premiers jours d'allaitement, la prise du sein avec des mamelons inversés nécessite plus d'attention).

Après l'accouchement

- Pour l'hygiène quotidienne, nettoyez (sans frotter) vos mamelons avec de l'eau seulement au moment de votre toilette.

- Il n'est pas nécessaire de nettoyer les mamelons après chaque tétée, il suffit de les laisser sécher à l'air. Les compresses d'allaitement jetables doublées d'une pellicule de plastique peuvent développer et entretenir une humidité excessive propice aux douleurs des mamelons. Préférer des compresses lavables en flanelle de coton. Elles doivent être changées fréquemment.

- Le produit le plus utile à l'hygiène des mamelons demeure le lait maternel, avec lequel on peut enduire aréoles et mamelons après les tétées et de nombreuses fois par jour au besoin (propriétés hydratante et antibactérienne du lait aidant à prévenir et guérir les gerçures aux mamelons).

Les produits suivants ne doivent pas être utilisés sur les seins :

alcool	savon (sauf s'il y a des crevasses)
crèmes non-spécifiques à l'allaitement	huile parfumée, huiles essentielles
parfums de tout type	eau de toilette
poudre	consoude
aloès (aloe vera)	vitamine E, A
produits dépilatoires	

Attention : La lanoline ordinaire (non-spécifique à l'allaitement), l'albumine (blanc d'œuf) et la lécithine sont des produits qui peuvent créer des allergies chez certains bébés et ne devraient pas être appliqués sur les seins.

Durée de la période d'allaitement

La durée de l'allaitement n'a que des **limites culturelles et personnelles**. L'allaitement peut donc durer 3 mois, 12 ou 24 mois et même plus, si la mère et le bébé souhaitent poursuivre ! C'est un choix très personnel. L'Organisation mondiale de la santé, Santé Canada et le Ministère de la Santé du Québec recommandent un allaitement exclusif (sans autres aliments) jusqu'à six mois, et une durée totale pouvant aller au-delà de 24 mois tant les bienfaits pour la mère et le bébé sont grands ![7] Bien entendu, la relation d'allaitement change avec le temps. On n'allaite pas un bambin de la même manière qu'un nouveau-né. Par exemple, le bambin ne tétera pas nécessairement sur demande, il tiendra à choisir le moment de la tétée. La durée des tétées est généralement assez courte car l'enfant est devenu expert pour boire au sein. Chaque mère pose les balises qu'elle souhaite pour vivre de manière harmonieuse l'allaitement de son bambin.

Mise au sein et durée des tétées

Il est important de comprendre que même si un bébé tète au sein, cela ne veut pas dire qu'il avale du lait… ! **Certains bébés font parfois semblant de téter** ou tètent pour satisfaire leur besoin de succion (on dit alors qu'ils « tétouillent »). Par exemple, un nouveau-né peut avoir une mauvaise prise du sein et ainsi faire semblant de téter, puis se rendormir ensuite, et on pourrait croire qu'il a bien bu… ce qui n'est pas toujours le cas ! **Ce n'est pas parce que le bébé tète au sein qu'il boit efficacement et avale du lait. Il est**

---

7. Des préjugés subsistent face à l'allaitement prolongé. Pourtant, pendant les tétées, le sein a une fonction nourricière et sécurisante pour enfant. Et cela n'empêche en rien que les seins puissent avoir un rôle sexuel dans l'intimité avec le conjoint…

donc capital que vous puissiez savoir si votre bébé boit bien et nous allons vous indiquer ce qu'il faut savoir à ce sujet. Parlons d'abord de la mise au sein :

- Lorsque bébé est prêt à téter, vous pouvez chatouiller sa lèvre supérieure de gauche à droite, cela le stimulera à ouvrir GRAND la bouche. **C'est lorsqu'il a la bouche GRANDE ouverte (comme pour bailler) que vous l'approchez rapidement du sein. S'il est déjà près du sein, c'est plus facile.** Tenez votre sein en faisant un large C avec votre main, faites pointer votre mamelon vers son nez, en vous assurant qu'il prend une bonne partie de l'aréole AVEC SA LÈVRE INFÉRIEURE (du bas), la langue en dessous du mamelon, les lèvres bien retroussées.

Avec cette mise au sein (décentrée par rapport au mamelon), il est normal qu'il prenne plus d'aréole avec sa lèvre du bas, ce qui contribue à une bonne prise du sein car le bébé fait une grande partie du travail avec sa mâchoire et sa langue pour comprimer les canaux lactifères dans lesquels circule le lait.

- **Laissez votre bébé téter tant qu'il veut en encourageant une succion efficace et nutritive** : le bébé tétera en suivant un modèle du genre « succion-succion-déglutition-respiration ». Il peut donc faire 1-2-3 pressions sur l'aréole avec ses mâchoires, puis une pause les mâchoires ouvertes, avec le menton descendant un peu plus bas, et c'est à ce moment-là qu'il avale. Il est **déconseillé de limiter ou de minuter la durée des tétées** car cela est nuisible pour l'allaitement et bébé risquerait de ne pas téter suffisamment (de lait gras entre autre). De plus, vous ne seriez plus concentrée sur la qualité de la succion de votre bébé.

- Lorsque le flot de lait diminue après le réflexe d'éjection, le nourrisson peut ralentir son rythme de succion et se mettre à **somnoler au sein**. Vous pouvez alors le stimuler à reprendre une succion nutritive en pratiquant la « compression du sein ».

« **Compression du sein** » : utilisez la position de la madone inversée *(voir p. 56)*. Au cours de la tétée, dès que votre bébé cesse vraiment de téter, tète sans avaler (mouvements de succion constants avec la mâchoire, sans faire de pause la mâchoire ouverte pour ensuite avaler) ou commence à somnoler, vous comprimez fermement votre sein (mais sans causer de douleur) à l'aide de la main située du même côté, en faisant un large « C » loin de l'aréole, près du thorax, le pouce sur le dessus et tous les autres doigts en dessous. Le flot de lait augmente alors et le bébé devrait recommencer à téter activement même s'il a les yeux fermés. Poursuivez la compression du sein jusqu'à ce que le bébé cesse de téter activement ; relâchez alors et recommencez. Utilisez la compression en variant la zone comprimée et aussitôt que bébé cesse de téter ou « tétouille » (succion non nutritive). Lorsque la compression ne semble plus fonctionner, changez de sein.

- **Pour les premières semaines, il est recommandé d'offrir les deux seins à chaque tétée**. Cependant, il faut laisser le bébé téter **au premier sein jusqu'à ce qu'il soit satisfait**. Il boira ainsi le lait plus gras de fin de tétée. Peut-être fera-t-il un petit rot – ou pas – ou voudra-t-il prendre une pause. Ensuite, vous pouvez offrir le deuxième sein, que le bébé boira ou non, selon son besoin. Si votre bébé semble vouloir boire encore après le « deuxième » sein, vous pouvez le refaire téter au « premier » sein. Vos seins ne sont jamais « vides ». Le lait est toujours présent dans les seins puisqu'il est aussi produit pendant la tétée. Si vous avez une très forte production lactée, un réflexe d'éjection fort ou si bébé ne boit qu'un seul sein par tétée en ayant une bonne croissance et en étant comblé, vous pouvez donner un seul sein par tétée (c'est le cas des jumeaux allaités).

- **La durée des tétées est très variable**, selon l'âge du bébé, et ce d'un enfant à l'autre. Allaiter un nouveau-né peut prendre environ une heure (il n'y a pas de règles) car il est encore tout petit et plus somnolent au sein. La mise au sein peut prendre plus de temps, nous changeons sa couche, et faisons passer les rots…. Le nourrisson et sa mère sont en apprentissage de l'allaitement en fait. Un bébé de 3-4 mois qui a une bonne prise du sein, devenu un expert de la tétée, peut boire pendant 10 minutes et recevoir tout le lait qu'il lui faut, tandis qu'un autre sera encore un gourmet qui boira pendant 30 minutes en prenant tout son temps. Chaque enfant est différent !

Fréquence des tétées

L'idéal est de nourrir votre bébé **à la demande**, **sans horaire fixe déterminé à l'avance**. C'est la meilleure façon de bien démarrer l'allaitement, d'avoir une bonne production lactée et de répondre à ses besoins au fur et à mesure de sa croissance *(voir « Poussées de croissance », p. 99)*.

Au cours des premières semaines de vie, le bébé demandera probablement à téter fréquemment, pas nécessairement de manière régulière, ce qui est normal car il n'y a pas si longtemps, il était alimenté sans interruption par le cordon ombilical ! Nourrissez votre bébé à la demande, selon les signes de faim qu'il démontre.

Signes de faim (manifestation de plusieurs signes au même moment) : bébé s'éveille peu à peu s'il dort, il bouge, fait des mouvements de succion avec sa bouche et sa langue, porte ses mains à sa bouche, cherche le sein si on le prend contre soi, et finalement pleure si on ne répond pas à son besoin).

Un nouveau-né tétera généralement de 8 à 12 fois par période de 24 heures, incluant les tétées de nuit. **Mais certains bébés prendront 6 tétées et se porteront à merveille tout en prenant bien du poids**. Ce qu'il faut comprendre, c'est qu'il est plus important que le bébé tète bien et boive efficacement pendant qu'il est au sein plutôt que le fait de recevoir un nombre X de tétées pendant lesquelles il tèterait peu ou mal, en avalant moins de lait. Il arrive que bébé boive 2-3 fois dans un court laps de temps. C'est ce qu'on appelle des « tétées groupées ».

Si votre bébé est dit « de petit poids » (moins de 5 livres 8 onces/ 2500 grammes) ou « gain de poids lent », vous pouvez l'allaiter plus fréquemment (surveillez son cycle de sommeil, voir plus bas), **mais l'important est de vous assurer qu'il ait une bonne prise du sein et qu'il avale bien lors des tétées** (voir rubrique précédente). Si votre bébé est très somnolent, qu'il ne demande « pas assez souvent » le sein, les mêmes conseils prévalent. Faites la « compression du sein » (voir rubrique précédente). L'important est la qualité des tétées. Ajouter une tétée où le bébé boirait peu ou pas n'aide pas l'allaitement et le bébé n'y boirait pas vraiment de lait… donc…. Misez sur la qualité des tétées plutôt que la quantité[8].

Pour la question de la régularité des tétées, la demande pourrait devenir plus prévisible avec le temps et selon le tempérament du bébé. Cependant, si nous songeons à notre propre comportement en tant qu'adultes, au nombre de fois où nous mangeons et buvons au cours d'une journée, à l'inconstance et l'irrégularité de notre appétit, nous pouvons comprendre qu'un bébé n'ait pas toujours autant faim d'une tétée à l'autre, et que ce ne soit pas toujours aux mêmes heures… !

---

8. La norme généralement admise pour un nouveau-né mentionne au moins 6-8 tétées par 24 heures.

Pour les tétées de nuit, un jeune bébé tétera généralement une ou plusieurs fois la nuit. Si le bébé est en bonne santé, qu'il tète efficacement (voir rubrique « Mise au sein »), généralement de 8-12 tétées par 24h, et qu'il a un bon gain de poids, on peut le laisser dormir la nuit et attendre qu'il se réveille de lui-même pour téter. Un bébé peut téter 6 fois par jour et se porter bien tout en prenant du poids, chaque cas est particulier. Les bébés prématurés, de petit poids, gain de poids lent ou qui ont une jaunisse physiologique du nouveau-né peuvent faire exception à cette règle. Il arrive qu'ils doivent prendre le sein la nuit. La règle d'or est de toujours s'assurer que l'enfant a une bonne prise du sein et qu'il tète et avale bien le lait maternel lors des tétées. **Chaque cas est particulier.** Vous pouvez en discuter avec un(e) professionnel(le) de la santé ou votre marraine d'allaitement. D'autre part, les mères produisent plus de prolactine (hormone responsable de la production de lait) la nuit. Le bébé qui tète efficacement à ce moment-là reçoit de bonnes quantités de lait, assurant ainsi à sa mère le maintien d'une bonne production lactée.

Lorsqu'il fait très chaud pendant l'été, votre bébé peut demander le sein plus souvent afin d'étancher sa soif car le lait de début de tétée est plus riche en eau et en lactose à cet effet. Si votre bébé est allaité à la demande, et qu'il ne reçoit aucun aliment solide, il est inutile de lui donner de l'eau, même en période de grande chaleur. En plus d'étancher la soif, le lait maternel est hautement nutritif et de loin préférable à l'eau, qui n'apporte aucune calorie ou nutriment. Des études ont démontré que pour les populations qui vivent sous des climats chauds et tropicaux (humides ou secs), l'allaitement exclusif permet de combler les besoins en eau des nourrissons.

Cycles d'éveil/sommeil et adaptation au monde extra-utérin

Un bébé né à terme et en santé n'a pas les mêmes rythmes qu'un adulte en ce qui concerne ses phases d'éveil et de sommeil, ainsi que leur durée. Au cours des jours qui suivent l'accouchement, l'enfant et sa mère font connaissance de différentes manières. Ils ont essentiellement besoin de se retrouver en proximité l'un de l'autre (contact peau à peau). Ce contact rapproché a un effet apaisant pour eux et cela aide la femme à assimiler vraiment le fait d'être devenue une maman. Bien entendu, tout ce qui trouble les cycles de sommeil « naturels » de la mère et du bébé est à éviter : allaitement à heure fixe, trop de visiteurs, mise en pouponnière du bébé, etc. On se demande souvent

pourquoi certains bébés semblent troublés et agités, et pour quelles raisons leur sommeil apparaît chaotique et perturbé. En y regardant de plus près et en LES regardant justement, tout s'éclaire : quels types de tempérament ont-ils? Les bébés sont-ils près ou loin de leurs parents, ont-ils une référence à ces piliers de sécurité qui rappelle leur présence (odeur, voix, proximité??) Sont-ils en situation d'isolement physique (dans une autre pièce ou seuls dans de grandes couchettes)? Quelles phases de sommeil ou d'éveil traversent-ils?

Afin de favoriser l'adaptation du nouveau-né à sa nouvelle réalité, somme toute assez déstabilisante, il est recommandé que la proximité entre la mère, le père et l'enfant soit respectée, en évitant notamment qu'ils soient séparés à cause de routines de soins inadaptées. La proximité permet un bon démarrage de l'allaitement maternel et les parents apprennent à connaître leur enfant, qui pleure moins et se sent en sécurité quand il est en contact peau à peau avec ses parents.

Au cours des premiers jours de vie :

Pour les premières 24-48 heures, le nouveau-né a besoin de récupérer. Il dort beaucoup et est très calme en général. Mais au cours du 2e ou 3e jour de vie (souvent pendant la nuit qui suivra le 2 ou 3e jour de vie...), le bébé sera très agité, tétera très souvent et dormira peu. Pas de panique ! La situation est **transitoire** et les tétées fréquentes offriront beaucoup de colostrum au bébé en permettant d'éviter l'engorgement qui peut parfois avoir lieu lors de la montée laiteuse.

Le nouveau-né : pas conditionné comme nous !

Le nouveau-né ne dort pas selon les notions du jour et de la nuit. Toutefois, il est la plupart du temps plus éveillé à la fin de l'après-midi. Contrairement à l'adulte qui s'endort en phase de sommeil calme, l'enfant voit son endormissement arriver lors d'une période de sommeil agité (mimiques faciales, pleurs légers, mouvements du corps). D'ailleurs, vous remarquerez qu'un très jeune bébé a plus souvent un sommeil de type « agité » que calme. Le nouveau-né a des cycles de sommeil assez courts (on dit de 20 à 45 minutes pour un nouveau-né, pour arriver au bout de quelques mois à des cycles de 60-90 minutes), traversant au cours du cycle des phases de sommeil profond, agité et paradoxal (rêve). Le bébé peut aussi s'éveiller pendant un cycle… sans pour autant se rendormir… ! D'autre part, il peut dormir plus d'un cycle de suite sans s'éveiller si tous ses besoins sont comblés (n'a pas froid, faim, ne se sent pas souillé, etc.)

Vous vous demandez quel est le lien avec l'allaitement? Imaginez que « c'est l'heure » de faire téter le bébé, parce qu'on vous a convaincue que bébé devait boire à heures fixes… : si votre bébé est en phase de sommeil profond[9], rien ne le réveillera et il ne tétera pas. Vous vous sentirez incompétente et cela vous fera peut-être douter de votre capacité d'allaiter, mais c'est parce qu'on ne tient pas compte du cycle de sommeil du bébé. Par contre, s'il est en sommeil agité[10], qu'il commence à s'éveiller et fait des mouvements dans son sommeil, il tétera peut-être si vous lui offrez le sein et qu'il a faim. S'il est en éveil calme[11] ou agité[12] et qu'il a faim, il tétera aussi. Par contre, si bébé est éveillé, agité et qu'il pleure, ce n'est pas le moment de le mettre au sein. Il faut d'abord le calmer. Dans le cas d'un nouveau-né, ce dernier aura « faim » pratiquement

---

9. Sommeil profond : bébé dort paisiblement, n'a aucune expression, ses membres sont fléchis, il est immobile.
10. Sommeil agité : bébé a peu de tonus, il est calme mais fait des mouvements parfois brusques, des mimiques, parfois des sourires « aux anges ».
11. Éveil calme : parfois le bébé est encore somnolent, ou il est éveillé et calme, mouvements doux et bien dirigés, recherche le sein
12. Éveil agité : Bébé est actif, il bouge et n'est pas très patient.

à chaque fois qu'il se réveillera et selon les émotions qu'il ressentira, car la notion de faim n'est pas la même que pour un adulte. Elle est reliée à la satisfaction d'un besoin, avec le concept de plaisir que cela implique quand il est satisfait. Le fait de s'alimenter n'est pas encore relié à une habitude. Cela explique pourquoi un nouveau-né a besoin de téter fréquemment, souvent à la manière de « tétées groupées ». Au bout de quelques mois, l'enfant prendra conscience des rythmes jour/nuit, et sera un peu plus « conditionné » d'une certaine manière à prendre ses «repas et collations» comme les adultes de la maisonnée. En attendant, profitez-en pour donner beaucoup de proximité et de sécurité à votre petit trésor… Il en a grandement besoin pour s'adapter à sa nouvelle vie.

Recommandations générales

- **Ayez confiance en votre capacité d'allaiter !** L'être humain a assuré sa survie pendant des millions d'années grâce à l'allaitement, et la nature l'a prévu ainsi pour le 21e siècle aussi… !

- **Allaitez rapidement après la naissance**, idéalement dans l'heure qui suit. Environ 30 minutes après sa naissance, le bébé est très réceptif et s'il a été déposé nu et bien asséché directement sur votre abdomen, en contact peau à peau, son instinct de téter sera renforcé. Il peut même monter en se tortillant et prendre le sein de lui-même[13] ou avec un peu d'aide. On ne doit JAMAIS forcer un bébé à prendre le sein ou à y rester de force, car le bébé pourrait développer une aversion envers le sein. **Évitez d'être séparée de votre enfant** ; bébé peut être mesuré sur vous…et vous êtes

---

13. Si on laisse le bébé « grimper » par lui-même pour trouver le sein, tout en l'encourageant, cela peut prendre environ une heure. C'est une expérience inoubliable ! Le bébé se repère alors sur l'odeur spécifique du mamelon.

sa meilleure source de chaleur ! Des études ont démontré que le contact peau à peau, le fait de téter rapidement après la naissance et le contact sans interruption entre mère et bébé contribuent au succès de l'allaitement et au lien d'attachement.

- Au cours des premières journées d'allaitement, il est plus aisé de se dénuder le torse pour les tétées afin de bien observer la prise du sein par le bébé. Il est important que vous vous sentiez à l'aise de le faire, car c'est à ce moment-là que vous vous familiariserez avec l'allaitement.

  Ce n'est pas un problème en soi, l'allaitement est un geste gracieux et natu-rel, mais si vous croyez être embarrassée par le regard des autres ou des visiteurs trop nombreux, il serait préférable pour ces quelques jours de limiter au maximum les visites. Préservez votre intimité pour que ces premières tétées se déroulent dans une atmosphère paisible et agréable.

- **Allaitez à la demande**, selon les besoins du bébé, sans minuter les tétées et sans horaire fixe (généralement entre 8 et 12 tétées par période de 24h, l'important encore une fois étant que le bébé tète efficacement et qu'il boive bien. Six bonnes tétées sont plus valables que douze tétées avec un bébé somnolent ou avec une mauvaise prise du sein).

- **Assurez-vous que votre bébé a une bonne prise du sein et qu'il avale du lait** (« succion-succion-déglutition-respiration », bébé fait 2-3 mouve-ments de succion rythmiques, suivis d'une pause au niveau du menton qui descend plus bas, pendant laquelle il avale sa gorgée de lait maternel)

- **Cohabitez** en contact étroit avec votre enfant dès la naissance (bébé souvent dans vos bras ou ceux de papa). Unicef Grande-Bretagne a émis des recommandations pour le co-dodo (maman-bébé dans le même lit), qui le balisent rigoureusement, tandis que Santé Canada préfère

déconseiller cette pratique. Vous pouvez obtenir plus d'information à www.nourri-source.org et vous pouvez lire les recommandations de l'UNICEF Grande-Bretagne à la rubrique « *Trucs pour les nouveaux parents* » p. 67

- Avant que la montée de lait s'installe (vers le 3-4e jour après l'accouchement), le bébé tend à perdre l'eau emmagasinée dans ses tissus suite au séjour prolongé dans l'utérus, donc **il « perd » un peu de poids (l'eau), et c'est normal**. On peut toutefois limiter ce phénomène en lui offrant le sein à la demande, en lui mettant un bonnet afin qu'il conserve bien sa chaleur, en favorisant les contacts peau à peau avec les parents, en allaitant fréquemment, en évitant qu'il pleure et qu'il se refroidisse après un bain, etc.

- **Pour bien démarrer votre allaitement, évitez de donner autre chose que votre lait** (lait artificiel, eau, eau glucosée, etc.) à moins que ce ne soit une nécessité médicale prescrite par un médecin. Rappelez-vous que **votre lait est le meilleur aliment qui soit**, en guise de supplément aussi, offert directement au sein ou préalablement exprimé avec un tire-lait et donné à l'aide d'une *méthode alternative (voir p. 166)*.

- **Pour les six premières semaines d'allaitement, il est recommandé de ne pas utiliser de tétines artificielles** (biberon, sucette d'amusement) afin de ne pas créer de **confusion dans la succion** du bébé, qui risquerait de refuser le sein par la suite. Le mécanisme de succion au sein et pour les tétines est complètement différent. Aussi, les bébés qui reçoivent une sucette d'amusement perdent parfois de bonnes occasions de téter au sein (car une partie de leur besoin de succion est ainsi comblé). **Prenez garde à la téterelle**, souvent utilisée comme gadget miracle (ce n'en est pas un !) lorsque la mère a les mamelons plats, inversés, douloureux ou si le bébé « refuse » le sein (revoir la gestion de l'allaitement au complet). Elle occasionne les mêmes problèmes de confusion pour la succion du bébé, peut causer des blessures aux mamelons et faire diminuer la production lactée. **Son utilisation devrait être uniquement recommandée par une consultante en lactation ou une personne spécialisée en allaitement.**

Montée laiteuse

La « montée laiteuse » correspond au démarrage de la production du lait maternel qui remplacera graduellement le colostrum. Elle survient généralement vers le 3e ou 4e jour après l'accouchement, mais peut parfois être retardée. Lorsqu'elle se produit, il arrive fréquemment de sentir que les seins sont plus « pleins », lourds et chauds, mais cela n'est pas toujours le cas. Certaines mères constatent qu'elles ont eu leur montée laiteuse quand leur nouveau-né tète et qu'un filet de lait bien blanc coule du coin de sa bouche !

La montée laiteuse n'est pas toujours accompagnée d'un engorgement (les seins engorgés sont durs, très sensibles, bébé a souvent de la difficulté à prendre le sein car l'aréole est bombée et tendue). L'engorgement lié à la montée laiteuse peut durer de 24 à 72 heures. Pour éviter l'engorgement, allaitez à la demande, assez fréquemment, en vous assurant que le bébé a une bonne prise du sein et qu'il tète en avalant bien lors des tétées.

Recommandations pour la montée laiteuse *(s'il y a engorgement)*

- **Buvez à votre soif.** Il est normal d'avoir plus soif en période d'allaitement. **Vous priver de boire n'aurait aucun effet préventif sur l'engorgement** (cela diminuerait simplement la quantité d'urine évacuée), tout comme boire plus ne ferait pas augmenter votre production de lait.

- Allaitez plus fréquemment (ce sera efficace dans la mesure où le bébé continue de téter efficacement)

- Pour faire diminuer l'inflammation, **appliquez environ 10 minutes de froid sur vos seins avant la tétée** (par exemple, un sac de légumes congelés destiné à cet effet ou glace concassée dans un sac, compresse froide thérapeutique. Protégez votre peau d'une serviette mouillée). Pour stimuler le réflexe d'éjection s'il semble inhibé, appliquez des compresses humides tièdes-chaudes et massez doucement votre sein. Un massage sous la douche est aussi utile (si vous êtes très engorgée, le chaud n'est pas recommandé).

- **Si vos seins sont très engorgés** et que votre bébé refuse de prendre le sein à cause de cela, massez vos seins, exprimez manuellement un peu de lait avant la tétée pour assouplir l'aréole. Si le bébé a peu ou pas bu au 2e sein, exprimez votre lait pour soulager et prévenir l'engorgement. **Si vous ressentez pas mal d'inconfort**, vous pouvez prendre de l'acétaminophène (Tylénol® ou autre marque) ou de l'ibuprofène (Advil®, Motrin® ou autre marque). Prenez garde à un soutien-gorge trop serré qui ne vous aiderait pas en pareille situation...

- **L'utilisation de feuilles de chou semble soulager plusieurs mères** qui ressentent de l'inconfort lié à l'engorgement. Leur utilisation est simple : prendre une feuille d'un chou vert conservé au frigo, retirer la grosse veine centrale, perforer un trou au milieu pour l'aréole, et appliquer la feuille pour environ 20 minutes. Jeter la feuille après usage.

Indices que tout va bien

Il est inutile de peser le bébé avant et après chaque tétée pour vérifier s'il a pris suffisamment de lait. Le bébé SAIT quand il en a assez. De façon générale, des pesées **occasionnelles** effectuées lors des visites de santé suffisent à évaluer sa croissance[14].

Des signes très simples permettent aux parents de constater que le **bébé boit assez de lait maternel et qu'il prend suffisamment de poids :**

- **Bébé tète bien, avec une bonne prise du sein, et il avale du lait.** Par son rythme de succion ponctué de petites pauses le menton abaissé pour avaler, vous SAVEZ qu'il boit bien *(voir toute la rubrique « Mise au sein et durée des tétées »).* Un nouveau-né tète environ de 8 à 12 fois par 24 heures (mais un bébé peut prendre 6-7 bonnes tétées par jour et se porter tout aussi bien, l'important étant qu'il tète efficacement avec une bonne prise du sein).

- **Votre nourrisson a éliminé son méconium au cours des 24-36 premières heures de vie**, et il a commencé à faire des selles transitoires (plus verdâtres et ensuite plus jaunâtres).

- **Vers le 5-6e jour de vie, lorsque la montée laiteuse a eu lieu, bébé mouille environ 6 couches de papier par jour** (8 couches de coton), **bien trempées d'une urine pâle et sans odeur forte.**

---

14. À ce sujet, la plupart des courbes de croissance traditionnelles utilisées pour suivre la croissance des bébés n'ont pas été conçues pour les bébés allaités, qui suivent une croissance différente (naturelle en somme) des bébés nourris artificiellement. Elles ne sont donc pas une référence absolue. Utilisez plutôt les courbes de croissance de l'OMS pour les bébés allaités – voir www.nourri-source.org

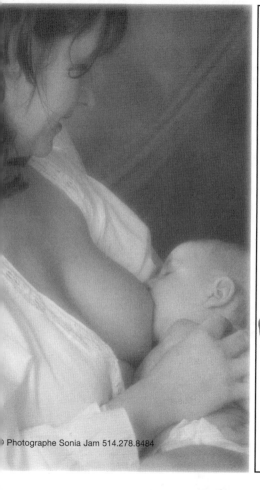

- **Suite à la montée laiteuse et jusqu'à environ 3-4 semaines de vie, votre bébé fait plusieurs selles semi-liquides jaune or ou verdâtre par jour (3-4 selles ou plus).** Si votre bébé exclusivement allaité ne fait aucune selle pendant 24 heures (pour la période entre la montée laiteuse et la 3 ou 4e semaine de vie, car après la 3-4e semaine, les selles peuvent s'espacer de plusieurs jours), il ne prend probablement pas bien le sein ou ne tète pas assez souvent. Vérifiez immédiatement que la prise du sein est adéquate en prenant contact avec une personne-ressource en allaitement, et faites peser votre bébé.

- **Bébé semble satisfait après la tétée** (éveillé ou endormi).

- **Il a besoin périodiquement de couches et de vêtements plus grands !**

Positions d'allaitement

Il est utile de connaître plus d'une position d'allaitement, mais au cours de la première semaine, il n'est pas nécessaire de faire l'expérience de toutes les positions. Il vaut mieux ne pas changer à toutes les tétées afin de permettre au bébé de faire un meilleur apprentissage. Un changement de position permet quelquefois de mieux vider certains canaux lactifères et peut aider si vos seins sont engorgés.

Vous pouvez allaiter en position assise (madone-position traditionnelle, madone inversée, « football ») mais aussi en position couchée (couchée sur le côté ou à l'Australienne – sur le dos, relevée un peu avec des oreillers sous le dos). La position couchée est très pratique la nuit et à tout moment si vous voulez faire la sieste en même temps, vous allonger pour récupérer ou si vous avez accouché par césarienne (voir photos des prochaines pages).

Note : Dans toutes les positions, veillez à ce que l'oreille du bébé soit dans le même axe que son épaule et sa hanche (pas de torsion du corps). Le bébé doit être à la hauteur du sein, et bien soutenu dans le dos et sous les fesses.

Suggestions

- Pour toutes les positions, installez-vous confortablement (par exemple en ayant du support pour le dos, un coussin d'allaitement, un tabouret). Évitez de vous pencher vers l'avant pour donner le sein ; remontez plutôt le bébé afin qu'il soit à la hauteur de votre sein.

- En position traditionnelle assise (madone), placez le bras du bébé qui est sur votre cuisse autour de votre taille.

- En position madone inversée, amenez le bébé à prendre le sein par le dessous, le visage du bébé tourné face au ciel, ce qui l'aidera à ouvrir la bouche bien grand et à avoir une bonne prise du sein.

- En position couchée sur le côté, ramenez les fesses du bébé contre votre abdomen afin qu'il ait une meilleure prise du sein.

- En position « australienne », couchez le bébé en diagonale sur votre abdomen.

Position « madone inversée »

Photographies : Isabelle Cloutier

Position traditionnelle, « madone »

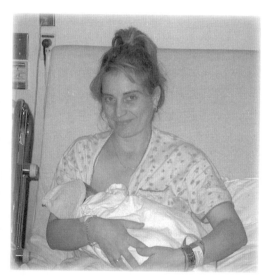

Photographie : Gabriela Oprescu

Photographie : Guillemette Gautier

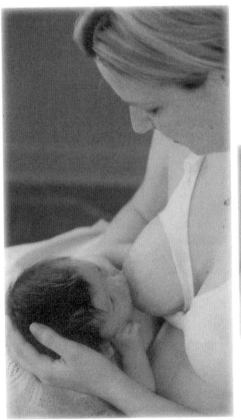

Position football

Photographies : Guillemette Gautier

Position allongée

Photographies : Guillemette Gautier

Position à califourchon

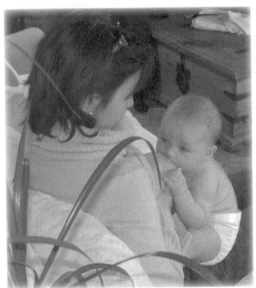

Photographie : Guillemette Gautier

Photographie : Isabelle Cloutier

Rot (éructation, « rapport »)

La plupart des bébés ont besoin de faire un rot (ou plusieurs) pendant la tétée. Si le bébé cesse de téter activement, qu'il devient peu à peu somnolent, maussade ou qu'il se tortille, vous pouvez tenter de faire passer un rot, ce qui lui permettra d'expulser l'air qu'il a avalé pendant la tétée et qui prend de la place dans son estomac. Si vous avez un réflexe d'éjection puissant, votre bébé pourrait avoir besoin de faire des rots à plusieurs reprises au cours de la tétée.

- Prenez bébé sur votre épaule et frottez-lui doucement le dos de haut en bas **OU**

- Assoyez le bébé sur vos cuisses, et en soutenant son menton d'une main, frottez son dos avec l'autre main **OU**

- Sur vos cuisses, couchez le bébé sur le ventre et frottez son dos.

Si bébé ne fait pas de rot après 2-3 minutes, inutile d'insister et surtout de vous inquiéter ! Un bébé allaité ingurgite moins d'air et peut avoir un moins grand besoin d'éructer. Si c'est l'heure de son dodo, vous pouvez le coucher sur le dos sans vous inquiéter : s'il a un rot à faire plus tard, il le fera souvent seul, sans problème, ou dès que vous le mettrez sur votre épaule. Pendant la tétée, suite à son rot, vérifiez si bébé a encore faim en le remettant au sein.

Les selles du bébé allaité

Couleur : Variable de jaune moutarde à verdâtre, vert foncé, orangé. Au cours des deux ou trois premiers jours de vie, elles sont presque noires : c'est le méconium.

Consistance : Très molles, assez liquides, avec des grumeaux. Les selles ont tendance à adhérer à la couche.

Odeur : Douce, non nauséabonde. L'odeur sera plus forte si le bébé a reçu de la préparation commerciale pour nourrissons (lait artificiel), des solides (céréales, légumes, etc.) ou si les selles sont demeurées quelques jours dans l'intestin (après 4 semaines de vie).

Fréquence : Après la montée laiteuse jusqu'à la 3-4e semaine de vie, le bébé fait au moins 3-4 selles par jour, souvent une à chaque tétée. **Vers la 4e semaine, la fréquence diminue** et peut même aller jusqu'à une fois tous les 7-10 jours, parfois plus longtemps même (il ne s'agit pas de constipation si la texture des selles demeure molle). Comme le bébé assimile de manière optimale le lait maternel à ce moment-là, les selles (déchets) se font plus rares. Le bébé continue cependant d'uriner en abondance.

- **Constipation : selles dures et sèches, difficiles à expulser (elles ont l'apparence de petites boules).** Si votre bébé allaité exclusivement, (sans autre aliment que votre lait), présente ce type de selles (ce qui est rare), cela pourrait signifier notamment qu'il n'a pas une bonne prise du sein, qu'il ne tète pas assez souvent ou qu'il ne boit pas assez de lait. Il faudrait d'abord améliorer la prise du sein, et voir à ce qu'il avale bien pendant les tétées **(voir aussi** « *Bébé qui ne prend pas suffisamment de poids* » *p. 78).* Contactez une personne-ressource en allaitement. Pour aider votre bébé à évacuer ses selles, vous pouvez masser son abdomen autour du nombril avec un doux mouvement circulaire, dans le sens des aiguilles d'une montre. Desserrez la couche. N'hésitez pas à consulter un professionnel de la santé si la situation ne s'améliore pas.

- **Diarrhée** : selles **très liquides et nauséabondes,** dont la fréquence est augmentée à plus de 10 fois par jour (un bébé exclusivement allaité peut faire plus de 10 selles par jour, MAIS elles ne sont PAS aussi liquides et jamais nauséabondes). Elles sont presque aussi liquides que de l'eau[15]. La solution est toujours de continuer d'allaiter ! Donnez le sein souvent, à la demande, pour éviter la déshydratation. Le lait maternel a un effet protecteur important contre les gastro-entérites et les infections grâce aux anticorps qu'il contient. Si le problème persiste, consultez un médecin.

Note : Des selles nombreuses peuvent irriter la peau du bébé. Si votre bébé fait des selles très fréquentes, vous pouvez prévenir l'érythème fessier en appliquant de la pâte d'Ihle ou une autre crème à base d'oxyde de zinc lors du changement de couche. On peut aussi nettoyer les fesses du bébé à l'eau tiède avec un soupçon d'huile d'olive, puis saupoudrer avec un peu d'argile verte surfine.

Diversification alimentaire du bébé (introduction des solides)

Désormais, il est recommandé que les bébés allaités commencent l'alimentation « solide » vers **l'âge de 6 mois**.

Bien entendu, chaque bébé a des besoins différents, certains peuvent démontrer qu'ils sont prêts pour cette étape quelques semaines avant. **Un bébé qui se « mange » calmement les poings après la tétée n'est pas un signe qu'il a encore faim,** mais un besoin de succion ! D'autre part, il est inadéquat pour son système digestif qu'un très jeune bébé reçoive des aliments autres que le lait. À la lumière des connaissances actuelles, évitez de vous

---

15. La diarrhée peut être d'origine allergique chez certains bébés allaités qui reçoivent des suppléments. Nancy Mohrbacher et Julie Stock, « *The Breastfeeding Answer Book* » (third revised edition), La Leche League International, 2003, p. 468.

faire convaincre du contraire, notamment par des phrases du genre « Avant, on donnait à manger aux bébés à 1 mois ! ». Justement, c'était « avant », et nos connaissances du corps humain ont évolué pour nous permettre de comprendre que cela n'est plus adéquat...

- Les bébés nourris au sein n'ont généralement **pas besoin d'aliments solides avant l'âge de six mois,** tel que l'Organisation mondiale de la santé et le Ministère de la Santé du Québec le recommandent. De plus, il y a de multiples avantages pour leur santé à ne pas introduire d'autres aliments avant ce moment. Lorsqu'un bébé boit à la demande, avec une bonne prise du sein, cela contribue à le satisfaire et à combler TOUS ses besoins nutritionnels.

- Avant de diversifier l'alimentation de votre enfant, **vérifiez si l'augmentation de son appétit correspond à une poussée de croissance.** Si c'est le cas, il vaut mieux attendre pour introduire d'autres aliments que le lait maternel et offrir le sein plus souvent pour quelques jours, ce qui fera augmenter votre production lactée pour répondre aux nouveaux besoins du bébé.

- **Votre bébé indiquera par son comportement qu'il est prêt à manger des aliments solides ;** il se tient très bien en position semi-assise ou assise, est intéressé par le moment des repas, commence ses éruptions dentaires et s'il est assis sur vos genoux pendant que vous mangez, il peut essayer de vous imiter, d'attraper des aliments de votre assiette pour les porter à sa bouche.

- **Les aliments solides complètent le lait maternel mais ne le remplacent pas,** cela pour la première année de vie du bébé. Il est préférable de donner la **priorité au lait maternel, et d'offrir les aliments solides selon son besoin.**

- **En débutant les aliments solides à l'âge de 6 mois, vous pouvez procéder de façon plus accélérée.** Il y a moins de risques que le bébé fasse une réaction aux aliments et leur ordre d'introduction importe moins, tout en gardant en tête d'éviter les aliments allergènes. L'ordre d'introduction est très culturel. Le bébé allaité exclusivement fait rarement de l'anémie, mais vers 6 mois ses besoins en fer augmentent. Pour la question du fer, outre celui du lait maternel, une des sources les plus facilement assimilables est la viande. Les céréales enrichies de fer contiennent un fer peu assimilable et en plus tous les aliments nuisent à l'absorption du fer du lait maternel. À 6 mois, les céréales sont des aliments comme les autres pour le bébé allaité[16].

- Purée ou pas purée? C'est encore une affaire de culture. À six mois, une banane ou une carotte bien écrasée à la fourchette fait très bien l'affaire et c'est moins de travail que de préparer une purée. Éventuellement, de petits morceaux d'aliments cuits permettent au bébé de pratiquer sa coordination et de participer à son alimentation. Pour toute la question de l'introduction des solides, nous vous référons au livre « *Mieux vivre avec notre enfant de la naissance à deux ans* ».

Un mythe persistant... : bébé ne fera pas davantage « ses nuits » si on lui donne des céréales ou tout autre « solide » au souper ou pendant la journée... Le sommeil est une question de maturité neurologique. Chaque enfant a son propre rythme de développement.

---

16. Jack Newman et Teresa Pitman, « *L'Allaitement : comprendre et réussir avec Dr Newman* », Jack Newman Communications, 2006.

Vitamine D et autres

Pour la grande majorité des bébés allaités nés à terme et en santé, les suppléments de vitamines ne sont pas nécessaires. Bien que le lait maternel ne contienne qu'une petite quantité de vitamine D, il demeure l'unique aliment nécessaire à la croissance des nourrissons jusqu'à ce qu'ils aient six mois, puis il sera ensuite accompagné de divers aliments. Le lait maternel répond, avec le reste de l'alimentation, aux nombreux besoins de l'enfant, même au-delà de 24 mois.

Pour la question de la vitamine D : normalement, nous devrions aller à l'extérieur plusieurs fois par semaine afin de nous exposer un peu à la lumière solaire. Le soleil nous aide à fabriquer notre vitamine D et nous l'emmagasinons dans notre foie (par contre nous ne pouvons fabriquer notre vitamine D si nous mettons une crème solaire avec écran FPS élevé – qui empêche les rayons UV d'atteindre notre peau) . Si la mère et son bébé sortent à l'extérieur 4-5 fois par semaine pour 10-15 minutes (à travers une fenêtre, ça ne fonctionne pas !) avec une partie de peau exposée à la lumière (le visage par exemple), leurs corps devraient fabriquer assez de vitamine D pour suffire à leurs besoins. Le bébé emmagasine aussi la vitamine D pendant la grossesse et les moments où il va à l'extérieur. Tout en étant prudents face au soleil, nous devrions favoriser de courtes expositions à la lumière solaire (si c'est l'été, exposer les bras et les jambes par exemple). Cela est valable aussi par temps nuageux car les UV passent à travers les nuages.

Par contre, un bébé pourrait manquer de vitamine D dans certaines conditions : il n'en a pas emmagasiné assez pendant la grossesse car sa mère était carencée ; la mère souffre de malnutrition et elle ne consomme pas assez de vitamine D ; **la mère et son bébé ont la peau naturellement**

brune ou noire ; la mère et son bébé sortent rarement à l'extérieur, peu importe la saison. Un supplément de vitamine D est alors indiqué.

Les recommandations canadiennes pour la vitamine D sont de 400 U.I./jour/bébé. Si vous entendez des gens dire que le lait maternel « manquerait » de vitamine D (ce qui est faux si on s'expose normalement aux rayons UV), pensez que de nombreuses substances essentielles au développement optimal des bébés sont absentes des préparations commerciales pour nourrissons.

Trucs pour les nouveaux parents

- **Pour les tétées de nuit**, ayez près du lit tout ce dont vous avez besoin (couches, débarbouillettes, eau et collation, etc.). Prévoyez également ces articles à l'endroit où vous allaitez le plus souvent le jour. Une petite veilleuse est également utile afin de ne pas trop se réveiller… ! Un berceau ou un petit couffin dans la chambre parentale est fort utile pour les premiers mois. Aucun danger de « gâter » bébé, au contraire il sera plus calme et sécurisé par votre présence.

- **Bébé qui dort près de vous dans votre lit ?** Cela permettrait de mieux démarrer l'allaitement, de se reposer pendant les tétées et de mieux connaître bébé. De plus, le bébé se sentirait plus en sécurité et son sommeil gagnerait en stabilité. Santé Canada pour sa part ne recommande plus cette pratique. Évidemment, les lits réguliers n'ont pas été conçus pour assurer la sécurité des bébés. Si vous ne respectez pas les conditions idéales recommandées dans les prochaines pages pour le co-dodo, votre enfant pourrait se retrouver coincé, ou écrasé, il faut donc les respecter À LA LETTRE. En Grande-Bretagne, l'UNICEF « Initiative Amis des Bébés » a donc émis des recommandations en 2005 pour les parents qui partagent leur sommeil avec leur bébé dans le même lit. Nous vous les présentons ici :

Photographie : Élise Marcheterre

♥ *IMPORTANT : NE JAMAIS FAIRE LE CO-DODO AILLEURS QUE SUR UN MATELAS FERME (PAS SUR UN DIVAN OU UN FAUTEUIL – TRÈS DANGEREUX !, NI SUR UN MATELAS D'EAU). La mère DOIT allaiter son bébé ; les personnes qui dorment dans le lit avec le bébé doivent être non-fumeuses ; ne doivent PAS avoir bu d'alcool ; ne doivent PAS avoir consommé de drogue ou avoir pris des médicaments qui causent de la somnolence ; ne doivent PAS se sentir excessivement fatiguées au point de craindre de ne pas pouvoir répondre aux besoins du bébé. Si vous ne respectez pas les conditions, les risques de mort subite du nourrisson peuvent augmenter.*

♥ *Le matelas doit être ferme, plat et propre.*

♥ *Évitez que le bébé ait trop chaud (la température de votre chambre devrait se situer entre 16-18 degrés Celsius. Ne l'habillez pas excessivement, et laissez sa tête à l'air libre. Il ne devrait pas avoir plus de couvertures ou de vêtements que vous. Vous pouvez le prendre contre vous, en contact direct peau à peau (bienfaits pour l'allaitement entre autres). Lorsque le bébé ne tète pas, faites le dormir sur le dos.*

♥ *Si vous êtes malade ou si vous sentez que vous allez difficilement répondre aux besoins du bébé, il serait préférable de ne pas dormir avec lui.*

♥ *Il est préférable d'utiliser des draps et des couvertures plutôt que des édredons épais et des couettes.*

♥ *Assurez-vous que bébé ne pourra pas tomber du lit ou être coincé entre le lit et le mur. Informez toujours votre conjoint que le bébé est là. **Dans le lit, faites toujours face à votre bébé.***

♥ *Ne laissez pas d'animaux partager votre lit. Si un autre enfant partage votre lit, placez-vous entre l'enfant et le bébé, en faisant toujours face à votre bébé allaité. (Pour obtenir plus d'informations sur ce sujet, consultez www.nourri-source.org)*

- Votre conjoint (ou toute autre personne significative) peut jouer un rôle fondamental face à votre allaitement. Si cette personne vous soutient et vous encourage, votre motivation sera plus forte. Elle peut aussi vous faire penser à vous reposer et prendre la relève pour certaines tâches domestiques. **Le père, comme la mère, a une belle relation à bâtir avec le bébé, et l'allaitement n'empêche rien à ce niveau là** : il peut bercer bébé, le porter, le cajoler, le réconforter, lui donner son bain, lui changer sa couche, etc. Votre conjoint peut développer une relation unique avec l'enfant dès la naissance ! N'oublions pas que, pour le père comme pour la mère, les habiletés parentales s'acquièrent avec l'expérience. Chacun peut prendre sa place à sa façon.

- **Acceptez toute proposition d'aide pour les repas et l'entretien de la maison** (il est préférable de ne pas faire de l'entretien ménager une priorité avec un très jeune bébé, car le temps libre est précieux pour faire autre chose...dormir notamment !).

- **Débranchez le téléphone** quand vous dormez ou quand vous allaitez. Il est avantageux de **limiter les visites** durant les premières semaines afin que vous **conserviez vos forces**. Quand le bébé fait une sieste, profitez-en pour dormir aussi !

- Pourquoi ne pas mettre de temps en temps une petite pancarte à la porte extérieure : « La famille se repose, S.V.P. ne pas déranger »?

- **Réservez-vous un peu de temps pour vous faire plaisir**, le matin de préférence : faire une marche ou une séance de relaxation, prendre un bon bain, lire, se coiffer les cheveux pour être à l'aise toute la journée sont autant de façons pour les nouvelles mamans de **prendre soin de soi** (physiquement et ... moralement !). Évitez de vous culpabiliser si la fatigue vous empêche de vous sentir « à la hauteur » pendant un certain temps. Il est **normal** pour les parents d'un jeune bébé (allaité ou non) d'être fatigués. Vous avez besoin de temps pour vous adapter et récupérer. Papa aussi !

- Il est parfois plus facile de se déplacer chez les autres plutôt que de recevoir des visiteurs ; cela vous permet de sortir, de prendre un peu d'air et de quitter quand vous le désirez...

- En ce qui concerne la vie conjugale, **une période de transition et d'adaptation plus ou moins longue est normale et inévitable** après la naissance d'un enfant. Les parents peuvent quand même se réserver de petits moments pour être ensemble. Rien ne vous empêche de sortir avec bébé ou de faire une petite escapade de quelques heures en amoureux occasionnellement (vous pouvez aussi exprimer votre lait à l'avance et le faire donner au bébé avec une méthode autre que le biberon, voir « *Méthodes alternatives à l'allaitement au sein* », *p. 166*).

Photographie : Carole Tremblay

Chapitre 4 : Certaines particularités pour le bébé

Quelque chose ne va pas comme vous l'avez souhaité? N'hésitez pas à contacter votre marraine d'allaitement ou à demander à être jumelée si vous n'en avez pas. Vous pouvez aussi lire ce qui suit.

Bébé hospitalisé

- Il est préférable d'être à l'hôpital avec le bébé afin de l'allaiter le plus souvent possible. On a remarqué que les enfants récupèrent alors plus rapidement, et que leur convalescence est plus facile.

- Les hôpitaux ont le devoir d'encourager le séjour de la mère allaitante auprès de son enfant hospitalisé. Il ne faut pas hésiter à le demander.

- Si vous ne pouvez pas être avec le bébé au moment de certaines tétées, **il est important que vous exprimiez votre lait pour entretenir votre lactation** *(manuellement ou à l'aide d'un tire-lait, voir p. 171).* Vous pouvez ensuite apporter votre lait à l'hôpital. Il peut être déterminant pour l'allaitement que votre bébé ne soit pas alimenté au biberon pendant votre absence à cause des problèmes de succion que cela risque de produire.

Bébé prématuré et bébé de petit poids

Bébé prématuré : moins de 37 semaines de grossesse.

Bébé de petit poids à la naissance : moins de 2500 grammes lors d'une naissance **à terme** ou poids ne correspondant pas à l'âge gestationnel s'il est né prématurément.

L'allaitement d'un bébé prématuré est une contribution inestimable à sa santé pour diverses raisons, notamment pour sa fragilité due à l'immaturité de son corps et de son système immunitaire. De nombreux nutriments ne sont retrouvés que dans le lait de la mère. Il est spécifiquement adapté aux besoins du bébé prématuré, qui a beaucoup plus de risques de développer des infections et différentes maladies s'il est nourri de préparation commerciale pour nourrissons notamment. Il y a différents niveaux de prématurité. Entre un bébé né à 31 semaines et l'autre né à 36 semaines de grossesse, il y a de grandes différences (développement, immunité, etc.) Selon son âge, il peut avoir besoin d'être nourri par une sonde gastrique.

Les bébés prématurés sont répartis habituellement en deux catégories : plus de 1500 grammes, moins de 1500 grammes. De nombreux prématurés nés en santé et pesant plus de 1500 grammes pourront, avec du soutien et de la patience, prendre le sein la majorité du temps et grandir grâce à l'allaitement, sans suppléments vitaminés, bien qu'ils puissent présenter une succion plus faible[17] pour quelques temps. Pour un prématuré de moins de 1500 grammes qui peut être alimenté par voie orale, on donne le lait de la maman *(idéalement avec un Dispositif d'Aide à l'Allaitement : D.A.A., voir p. 166)* auquel on ajoute parfois des substances pour lui faire prendre plus de poids. Commencez à stimuler et à entretenir votre lactation même si le bébé n'est pas prêt à être alimenté par la bouche. **Si vous souhaitez allaiter votre bébé né prématurément, contactez une personne-soutien en allaitement dès que possible.**

---

17. Nancy Mohrbacher et Julie Stock, « *The Breastfeeding Answer Book* » (third revised edition), La Leche League International, 2003.

Quelques-uns des nombreux avantages de l'allaitement maternel pour les bébés prématurés

Outre tous les avantages habituels :

* Le lait maternel est **digéré d'une manière optimale**. Sa composition est inimitable.

* **La composition du lait maternel est différente si le bébé est prématuré et elle est adaptée à ses besoins particuliers.** Le lait maternel contient entre autres plus de protéines facilement assimilables par son système digestif immature. Il contient une plus forte teneur en facteurs de croissance, en acides gras polyinsaturés (lipides) hautement digestibles grâce à une enzyme (la lipase), et **il déborde d'anticorps et de substances qui protègent le bébé prématuré contre les infections et de graves maladies.**

* L'allaitement au sein stimule **l'établissement du lien mère-enfant** qui est parfois peu favorisé selon l'état de santé de l'enfant (séjour prolongé en incubateur, soins en néonatologie, etc.)

* **L'allaitement maternel est souvent vital pour les bébés prématurés.** Il prévient entre autres l'entérocolite nécrosante, une complication digestive dangereuse et fréquente lorsque le bébé prématuré est alimenté avec du lait artificiel ou qu'il reçoit des fortifiants. Le risque de décès chez les prématurés est atténué grâce à l'allaitement.

Suggestions (pour le bébé prématuré ou de petit poids)

* **Si bébé doit rester à la pouponnière de soins intermédiaires**, vous pouvez vous y rendre pour l'allaiter dès que possible. Vous pouvez aussi

exprimer du colostrum à la main dans une petite cuillère de plastique pour le faire donner au bébé (il peut être badigeonné dans sa bouche ou donné à la cuillère). Le colostrum est un aliment exceptionnel et les bébés en ont grand besoin.

- **Si bébé est à l'hôpital et que vous ne pouvez pas y être** souvent il est essentiel que vous exprimiez votre lait à l'aide d'un tire-lait professionnel « *Expression manuelle et tire-lait* » p. 171). L'expression simultanée des deux seins est préférable (meilleure stimulation de la production lactée), au moins 15 minutes par sein, par séance, 8-10 fois par 24 heures (soit aux deux ou trois heures dont une fois la nuit, pas plus de six heures sans exprimer votre lait la nuit). Cela a pour but de démarrer la production lactée à un rythme semblable à celui de l'allaitement au sein. On peut louer un tire-lait professionnel auprès de certains organismes de soutien à l'allaite-ment, des consultantes en lactation, ainsi que dans les pharmacies. Avec une routine d'expression et de la discipline, la production lactée pourra être maintenue de manière efficace. Le lait exprimé peut être apporté à l'hôpital. S'il y a un problème d'éloignement, on peut aussi le congeler *(voir « Conservation et utilisation du lait maternel » p. 176).* Informez-vous des critères de conservation et d'expression en vigueur dans l'hôpital car si le bébé est prématuré ou malade, les exigences peuvent différer d'un établissement à l'autre.

- Un bébé prématuré ou de petit poids peut avoir au départ une certaine difficulté à téter, mais il faut persister et faire preuve de patience[18]. Il peut aussi avoir besoin de téter plus souvent que les autres bébés pour combler ses besoins. Pour aider le bébé, on peut exprimer un peu de lait

---

18. Plus l'enfant est né prématurément, plus le démarrage de l'allaitement au sein nécessite de la détermination et du soutien.

au début de la tétée pour stimuler le réflexe d'éjection et en faire couler sur ses lèvres. Si les seins ne semblent pas « vidés » après la tétée, on doit exprimer le lait afin de stimuler davantage la production lactée.

- Un **D**ispositif d'**A**ide à l'**A**llaitement – D.A.A. *(voir photo p. 168)* est très utile pour favoriser la lactation si votre bébé a besoin temporairement d'un supplément. Il permet au bébé de recevoir le supplément (du lait maternel exprimé ou de la préparation lactée) tout en tétant au sein, n'ayant pas de risque ainsi de développer de confusion dans sa succion (confusion sein/tétine). En tétant au sein, le bébé associera le sein avec la nourriture et le sentiment de satiété.

- **Les soins Kangourou** (contact peau à peau du bébé avec les parents) **offrent de nombreux bienfaits** pour tous les bébés, particulièrement pour les bébés nés prématurément et de petit poids. Porté peau à peau sous une chemise, le bébé produit moins d'hormones de stress. Son état de santé est plus stable, le réflexe d'éjection du lait ainsi que la production lactée de la mère s'en trouvent augmentés.

Note : De nombreux hôpitaux encouragent les mères de bébés prématurés à allaiter mais des problématiques sont souvent rencontrées en cours de route. **Un bébé prématuré ne devrait pas être alimenté au biberon. Contrairement à ce que certains croient, cela ne le préparera pas du tout à téter au sein, les deux types de succion étant très différents.** Des études ont démontré qu'il n'est pas plus fatigant et stressant pour un prématuré d'environ 1500g (3 livres 5 onces) de téter au sein plutôt qu'au biberon[19]. **Le Dispositif d'Aide à l'Allaitement (D.A.A.) devient alors une aide remarquable.** De plus, il n'y

---

19. (Meier 1988 ; Meier & Anderson 1987)

a pas que le lait maternel qui apporte des bienfaits aux bébés ; le contact peau à peau offert par l'allaitement au sein est très bénéfique.

Bébé qui ne prend pas suffisamment de poids

Tant que votre montée laiteuse ne s'est pas produite (elle survient généralement entre le 3e et le 5e jour de vie du bébé), **le bébé gagne peu ou pas de poids et tend à perdre l'eau emmagasinée dans ses tissus suite au séjour dans l'utérus. Il « perd » un peu de poids (l'eau), et c'est normal.** Suite à votre montée laiteuse, le bébé regagnera généralement son poids de naissance vers le 14e jour de vie, s'il tète efficacement, avec une bonne prise du sein (généralement entre 8-12 tétées par 24h).

Par la suite, la notion de gain de poids lent est assez relative… Il faut éviter de comparer la croissance des bébés allaités avec les courbes de poids utilisées généralement dans le milieu de la santé, car ces normes ont été établies en observant la croissance de bébés nourris aux préparations commerciales pour nourrissons. Leur croissance est différente des bébés allaités. L'Organisation Mondiale de la Santé a publié en 2006 des courbes de croissance élaborées à partir de milliers de bébés allaités exclusivement, représentant donc une norme de croissance du bébé humain. Pour les consulter: www.nourri-source. org. Pour un bébé allaité, le **gain de poids moyen** pour les 3-4 premiers mois de vie se situe entre 110 et 170 grammes par semaine (4 à 6 onces). Il double son poids de naissance autour de 5-6 mois de vie, et il pèse généralement 2,5 fois son poids de naissance à l'âge de 12 mois *(Butte, 2000)*. Ceci dit, outre les normes de croissance, il faut tenir compte de la génétique familiale (parents de grande ou de petite taille, ethnie, etc.). Un bébé qui gagne du poids lentement, mais qui se développe bien, qui est tonique et souriant ne signifie pas qu'il ait un problème. Poursuivre l'allaitement, et voir ce qui suit :

Causes possibles de gain de poids lent (attention aux normes des courbes de croissance, qui ne sont que des normes… !)

- Bébé a une mauvaise prise du sein OU une faible succion OU un frein de langue court OU ne tète pas assez fréquemment et efficacement (par exemple à cause de l'usage d'une sucette d'amusement).

- La durée des tétées et leur fréquence sont limitées OU une téterelle est utilisée OU vous prenez des contraceptifs hormonaux traditionnels (pilule anticonceptionnelle avec oestrogène) qui causent fréquemment une diminution de la production lactée[20] OU vous suivez une diète sévère (moins de 1800 calories/jour).

- Le réflexe d'éjection du lait peut être momentanément retardé ou bloqué à cause d'un stress excessif (retour au travail, déménagement, problèmes matrimoniaux, etc.).

- Certains bébés prennent moins de poids à cause d'une mauvaise prise du sein qui a provoqué au fil du temps une baisse de la production lactée. En corrigeant la prise du sein et en pratiquant la compression du sein, tout devrait rentrer dans l'ordre.

- Vous avez déjà subi une chirurgie thoracique ou mammaire (augmentation ou réduction)

- Si la situation est vraiment préoccupante, vous ou le bébé avez peut-être un problème de santé. Consultez sans tarder.

---

20. Bien que ce soient des moyens de contraception généralement compatibles avec l'allaitement, des mères constatent une baisse de production lactée suite à la prise de micro pilule (avec progestérone seulement, de type Micronor®), et le phénomène semble parfois se produire avec les stérilets qui libèrent de la progestérone (type Mirena®), parfois avec le Depo-Provera®. Les effets sur la lactation sont réversibles lorsque le médicament cesse d'être utilisé (dans le cas du Depo-Provera®, l'injection agit pendant 3 mois.).

Suggestions

- L'important est de favoriser une **bonne prise du sein.** Assurez-vous que le bébé a une **succion efficace** et qu'il avale régulièrement pendant la tétée *(voir « Mise au sein et durée des tétées » p. 37)*. **Offrez les deux seins** à chaque tétée, en prenant soin de laisser l'enfant téter au premier sein aussi longtemps qu'il le désire en pratiquant la « compression du sein » (voir p. 39). Il pourra ainsi recevoir toute la teneur énergétique du lait riche en matières grasses. Un bébé qui n'a pas une bonne prise du sein peut entraîner au bout d'un certain temps une baisse significative de la production lactée de sa mère car il stimule moins le sein en ne le « vidant » pas correctement.

- **Allaitez votre bébé à la demande**. Cela peut vouloir dire entre 8 et 12 tétées par période de 24 heures, l'important encore une fois étant que le bébé tète efficacement et qu'il boive bien **(la qualité des tétées est à privilégier plutôt que le nombre).** Si bébé fait une petite pause pendant la tétée, cela ne veut pas dire qu'il n'a plus faim. Pour 48 heures, essayez de donner quelques tétées efficaces de plus que la normale en faisant une « lune de miel » relaxante avec bébé (reposez-vous beaucoup au lit avec bébé, louez des films au vidéoclub pour passer le temps, lisez un bon livre ou un magazine, etc. et allaitez en position couchée).

- **Si votre bébé tète très souvent et reste très longtemps au sein avec une succion superficielle sans prendre de pauses pour avaler, semble insatisfait après les tétées, tout en ne prenant pas de poids** ou si vous avez continuellement des gerçures ou des mastites, cela peut indiquer que votre bébé a un problème de succion ou une mauvaise prise du sein. **Consultez une personne-ressource en allaitement sans tarder.**

- **Évitez de donner une sucette d'amusement ou un biberon** au bébé. Sa succion peut en être affectée. Si vous remplacez ou complétez régulièrement les tétées par des biberons de préparation commerciale pour bébé, votre production lactée diminuera.

- **Compter les couches souillées est un bon moyen de voir si le bébé boit assez de lait.** À 6-7 jours de vie, un bébé mouille 5-6 couches jetables ou 6-8 couches de coton d'une urine pâle et sans odeur forte (on soupèse les couches pour voir si le bébé a bien uriné dedans). Un bébé de moins de 3 semaines fera au moins 3-4 selles semi-liquides par jour. Après 3-4 semaines de vie, la plupart des bébés font moins de selles et peuvent passer plusieurs jours sans en faire, mais ils continuent d'uriner abondamment à tous les jours.

- Accordez-vous des moments de repos pendant la journée en évitant les situations de stress excessif. Pourquoi ne pas demander de l'aide pour les tâches ménagères, vous reposer et rester quelques jours au lit avec le bébé, peau à peau... Tout cela contribuera à soutenir votre allaitement.

- **En tout temps, contactez une personne-ressource en allaitement pour obtenir de l'information et du soutien.**

Bébé très somnolent et dormeur

Plusieurs nouveau-nés sont somnolents pendant les tétées et demandent à être stimulés pour téter plus efficacement. Il faut s'assurer qu'ils ont une bonne prise du sein pour boire le lait disponible. En fait, ils s'endorment au sein lorsque le flot de lait diminue après que le réflexe d'éjection est passé. D'autres nourrissons de quelques semaines peuvent gagner moins de poids à cause de cela. Voilà une des bonnes raisons pour utiliser la technique de la compression du sein au cours des premières semaines d'allaitement, ce qui augmentera la quantité de lait bue.

Stimuler un bébé dormeur est un défi :

- **Les bébés s'endorment pour une raison principale pendant la tétée : c'est lorsque le flot de lait diminue. Pratiquez la compression du sein.**

- Évitez d'habiller le bébé trop chaudement. Cela le rendrait plus somnolent.

- Pour le « réveiller » lorsque c'est le moment de la tétée, choisissez une phase de sommeil agité (voir « Cycles éveil/sommeil »). Établissez le contact visuel en parlant à votre bébé et en le tenant à la verticale. Vous pouvez aussi le faire passer de la position couchée à semi-assise, alternativement, en répétant votre geste à quelques reprises.

- Mettez le bébé en couche si la température ambiante le permet (de plus, lorsqu'il est au sein, il bénéficie de votre chaleur et il n'aura pas froid).

- Augmentez votre contact peau à peau avec le bébé.

- Évitez les éclairages forts, qui lui feront fermer les yeux.

- Frottez son dos et faites-y courir vos doigts. Massez ses mains et la plante de ses pieds. Bougez ses membres un à un.

- Passez une petite serviette mouillée et fraîche sur le front et les joues du bébé, faites des cercles autour de sa bouche avec le bout du doigt. Exprimez un peu de lait maternel sur ses lèvres.

- Vous pouvez aussi faire passer les rots, changer la couche du bébé et alterner de sein aussitôt que la compression n'est plus efficace.

Bébé trop dodu...?

Inutile de vous inquiéter si votre bébé est rondelet et surtout ne le privez pas de votre lait maternel à cause de son poids ! Le lait humain est un **aliment complet**. Il est inexact de croire qu'un bébé allaité, plus lourd que la moyenne, a besoin de d'autres aliments que le lait de sa mère. Vous pouvez continuer d'allaiter exclusivement, à la demande, et n'introduire les aliments solides que vers 6 mois. Un bébé allaité qui est rondelet ne deviendra pas nécessairement un adulte obèse, et cela ne sera surtout pas à cause de l'allaitement. Des études démontrent que l'allaitement maternel prévient l'obésité, notamment grâce au fait que c'est l'enfant qui gère son alimentation en cessant de téter. D'autre part, certains nourrissons ont tendance à devenir plus rondelets s'ils ont reçu des aliments solides trop tôt et/ou en trop grande quantité. Malgré tout cela, les bébés utilisent une bonne partie de leurs réserves de gras lorsqu'ils deviennent des bambins actifs, s'amincissant à mesure qu'ils trottinent et grandissent.

Coliques et bébé « à besoins intenses »

Au point de vue culturel, le terme « coliques » est un fourre-tout de symptômes très diversifiés… Un bébé qui pleure beaucoup, dit « bébé à besoins intenses », aurait des coliques? Le fond de l'histoire c'est que personne ne sait exactement ce que sont et ce qui cause les coliques. Cependant, un bébé « besoins intenses » est souvent décrit par ses parents comme très difficile à consoler, exigeant, irritable, et parfois agité au moment des tétées, faisant dire qu'il a des « coliques ». Le bébé allaité, qui aurait ce que nous définissons comme des coliques, commence ses crises vers l'âge de 3 semaines, l'intensité maximale se situant vers 6 semaines, et le tout va en diminuant jusqu'à l'âge de 3 mois.

Symptômes

- Le bébé devient **très irritable en fin de journée ou le soir, à heure fixe**, souvent vers 19h, pour une cause inexpliquée. **Il pleure très fort, semble très inconfortable**, et il reste **inconsolable** en dépit de tout ce que vous pouvez faire… ou presque ! Il a beaucoup de gaz, semble avoir des douleurs abdominales et il se replie les jambes sur le ventre. Le bébé est énergique, il grimace, se tortille, et se réveille fréquemment. Cela dure plus de 3 heures par jour et se produit plus de 3 jours par semaine.

- Son état de santé est bon, il gagne du poids régulièrement et se développe normalement.

Causes possibles

Les causes réelles des coliques sont **inconnues** du monde médical mais certaines hypothèses sont envisagées :

1. **Sensibilité gastro-intestinale** :

   - Le système digestif du bébé est immature jusqu'à l'âge de quatre mois environ.

   - Mouvements intestinaux irréguliers, violents ou spasmodiques.

   - Surabondance de lactose : ce n'est pas une allergie au lactose. Certains bébés boivent plus de lait de « début de tétée » (riche en lactose) et ressentent ensuite des ballonnements : par exemple, un bébé qui tète brièvement, pas très efficacement et surtout lors du réflexe d'éjection, cessant de téter par la suite ; un bébé dont la mère interrompt la tétée pour le changer de sein trop rapidement ou si la mère a une très forte production lactée et qu'elle tente de donner les deux seins à chaque tétée.

- Surplus d'air ingéré pendant les périodes de pleurs intenses qui incommode ensuite le bébé, qui pleure encore par la suite...

2. Sensibilité nerveuse :

- Adaptation au monde extérieur.
- Manifestation neurologique due à l'immaturité du système nerveux du bébé.

3. Autre :

- Réflexe d'éjection puissant chez la mère *(pour les conseils liés à cette problématique spécifique, voir p. 122)* ; bébé dont la mère souffrait d'hypertension pendant la grossesse ; mère qui a un tabagisme excessif versus un bébé très sensible ; mère qui prendrait des médicaments qui pourraient créer des effets secondaires pour le bébé. Consommation excessive de caféine (plus de 4-5 portions par jour de café ou de cola, de chocolat, de thé, etc.) pouvant le rendre irritable. Bébé qui reçoit un supplément de fer (le sulfate de fer peut constiper et incommoder certains bébés).

- Naissance prématurée, bébé de petit poids à la naissance, manque d'oxygène ou traumatisme à la naissance.

Suggestions

- Offrez le sein à la demande (avant que le bébé ne soit très éveillé, irritable ou qu'il pleure) et à satiété au premier sein en vous assurant qu'il a une succion efficace et nutritive, et faites la compression du sein *(revoir « Mise au sein et durée des tétées » en entier)*. Si le bébé est énervé avant la tétée, on peut lui faire téter un doigt propre dont l'ongle coupé court est placé sur la langue. Pendant la tétée, évitez les sources de distraction et les stimuli (télévision, radio, téléphone…)

- Le bébé peut être réconforté par une stimulation tactile, vibratoire, auditive ou visuelle. Marchez avec le bébé, balancez-vous doucement dans tous les sens (gauche-droite, avant-arrière, haut-bas) ; bercez-le. Vous pouvez mettre un peu de musique douce. Trop stimulés, certains bébés ont plutôt besoin d'être calmés. Prenez alors le bébé dans vos bras pour le caresser, le réchauffer. Vous pouvez masser doucement l'abdomen de votre enfant avec un peu d'huile pour bébé pour ne pas l'irriter. Pour un jeune bébé, ramenez ses bras et ses jambes vers l'axe central de son corps.

- Un porte-bébé ou un foulard de portage s'avère souvent une aide précieuse pour porter le bébé, utilisable autant par la mère, le père, que les membres de la famille. Il a été démontré que plus les bébés sont portés, moins ils pleurent. Favorisez le contact peau à peau. Vous pouvez prendre un bain chaud avec le bébé pour vous relaxer.

- Pour le bébé qui boit trop vite, ou si vous avez un réflexe d'éjection très puissant, exprimez un peu de lait avant la tétée. Tentez de faire passer des

rots plus souvent s'il conserve son calme pendant ces arrêts « forcés »...
Évitez d'attendre que le bébé ait très faim pour l'allaiter.

- **N'hésitez pas à demander de l'aide** (conjoint, famille, amis, etc.) pour les différentes tâches domestiques, les repas, pour jouer avec vos autres enfants, mais aussi pour porter et bercer le bébé pendant que vous prenez un peu de repos.

- Si votre bébé a des risques de développer des allergies et que certains symptômes associés se manifestent (voir prochaine rubrique), discutez avec un professionnel de la santé de la pertinence de retirer les protéines du lait de vache de votre alimentation (lait, yogourt, crème glacée, fromage, etc.). Un arrêt complet d'au moins 10-14 jours est nécessaire. Si les produits laitiers sont arrêtés pendant quelques mois, vous pouvez rééquilibrer votre alimentation avec d'autres aliments riches en calcium.

- Une étude au Danemark a démontré que de nombreux bébés « à coliques » sont plus calmes au bout de deux semaines suite à trois ajustements chiropratiques (Klougart, 1989). Les traitements d'ostéopathie et l'homéopathie semblent également efficaces pour plusieurs bébés.

- **Si vous n'obtenez aucun résultat après avoir tenté plusieurs solutions, vous pouvez consulter un médecin pour qu'un examen général soit fait au bébé.** *Mais attention ! La solution aux problèmes de coliques n'est pas de cesser l'allaitement, bien au contraire !* Vous pouvez aussi contacter un professionnel de la santé de votre CLSC. Votre marraine d'allaitement est là pour vous offrir de l'information et du soutien.

Heureusement, la période des « coliques » passe autour du 3-4e mois de vie du bébé pour ensuite faire partie du passé. Cela demande toutefois beaucoup de patience et de la compréhension ; vous et vos soins n'êtes pas la cause des coliques... En plus de toutes nos suggestions, comme il s'agit de moments difficiles à passer, songez à sortir avec le bébé afin de soulager la tension occasionnée par les pleurs (bien souvent l'air du dehors le calmera). Vous pouvez aussi faire garder le bébé pour une petite sortie hors de la maison, même si ce n'est que quelques minutes ! On retrouve des « bébés à coliques » dans tous les pays et aucun « truc » ne s'est avéré efficace de façon universelle. C'est un moment ardu pour les parents, mais cela leur permet souvent de développer de nouvelles stratégies face à leur bébé.

Que dire des allergies du bébé exclusivement allaité?

*N'oubliez jamais que le lait maternel est et sera toujours le meilleur aliment pour votre bébé.

Il peut arriver – mais cela demeure peu fréquent – que certains bébés présentent une réaction à un aliment très allergène consommé par la mère et dont les molécules se retrouvent dans le lait maternel. Il n'est pas question ici d'oignon, de brocoli.... ou des autres mythes qui circulent souvent sur l'alimentation de la mère. Parmi les aliments très allergènes qui peuvent créer certaines réactions, il y a le lait de vache et la protéine bovine consommés par la mère. **Encore une fois, rappelons que les véritables cas d'allergies du bébé à des substances contenues dans le lait maternel sont peu fréquents et demeurent des cas d'exception.**

Un bébé très sensible, qui ne serait pas allaité, aurait des symptômes allergiques encore plus fréquents et accentués car le lait de vache, qui constitue la base de la majorité des préparations lactées pour nourrissons, fait partie des aliments les plus allergènes !

- **Les symptômes du bébé allergique :** bébé est calme au début de la tétée, puis de plus en plus agité, pleure, et repousse le sein (attention, ce comportement peut aussi être associé à d'autres problématiques, comme la confusion sein-tétine, un réflexe d'éjection puissant, etc. (voir index). De plus, le bébé présenterait parfois de l'eczéma, ou de l'asthme, ou des otites, ou bien il aurait le nez qui coule ou qui pique, parfois de la diarrhée ou des vomissements (en jet la plupart du temps), et il dormirait peu.

- **Les solutions :** Si après plusieurs jours votre bébé présente plusieurs symptômes associés, différentes actions peuvent être tentées en gardant en tête que votre bébé n'est peut-être pas allergique : vous pouvez cesser de consommer un aliment à risque[21] (protéines de lait ou de bœuf, agrumes…voir la note en bas de page) et observer si les manifestations diminuent. Vous pouvez aussi consulter un professionnel de la santé ou un allergologue. **Votre lait demeurera TOUJOURS le meilleur aliment pour votre bébé.**

* En tout temps, si votre enfant a du mal à respirer, qu'il a les lèvres ou le visage enflés, il peut s'agir d'une grave réaction allergique de type anaphylactique. COMPOSEZ 9-1-1.

---

21. En fait, si vous soupçonnez qu'un aliment allergène serait en cause et que votre bébé présente des symptômes évidents d'allergies, bannissez-le complètement de votre alimentation pendant 14 jours. S'il y a une nette amélioration, le réintroduire afin de noter si l'inconfort du bébé revient pour valider que ce soit bien cela qui cause le problème. Dans le cas des produits laitiers, on doit cesser de consommer lait, crème glacée, yogourt, beurre, etc. Il faut procéder un groupe d'aliments allergènes à la fois, comme le groupe des produits laitiers, puis s'il n'y a pas d'amélioration, un autre groupe, comme les protéines bovines (tout ce qui contient du bœuf, veau et ses dérivés). Si le fait de cesser un groupe n'améliore en rien les symptômes du bébé, réintroduire les aliments dans votre alimentation. Un bébé peut réagir au lait directement bu par la mère, mais pas au lait contenu dans un gâteau par exemple. Chaque cas est particulier.

Hoquet

Le hoquet est fréquent et sans conséquence chez le bébé. Il cessera de lui-même comme il a commencé.

Jaunisse (ictère)

À la naissance, le bébé a un surplus de globules rouges dans son corps. Ils sont éliminés au cours des premiers jours suivant l'accouchement et produisent un pigment jaune, la bilirubine. L'accumulation de ces pigments dans le sang donne généralement – mais pas toujours – un teint jaune ou « bronzé » au bébé. **La jaunisse physiologique du nouveau-né est normale et temporaire.**

Tous les bébés, allaités ou non, peuvent la développer. Certains bébés présentent une jaunisse plus intense, souvent à cause d'une gestion inadéquate de l'allaitement au cours des premiers jours (tétées insuffisantes, restreintes et minutées…) ou parce qu'ils prennent le sein d'une manière incorrecte et peu efficace. Chez certains groupes ethniques, la jaunisse est plus fréquente et le taux de bilirubine tend à être plus élevé (bébés d'origine asiatique, caucasienne, amérindienne, inuit, et sud-américaine). Le bébé qui a un ictère du nouveau-né est souvent somnolent (peut-être parce qu'il absorbe moins de lait). Tout en respectant ses cycles d'éveil/sommeil (voir cette rubrique), il faut le maintenir bien éveillé lors des tétées (voir index « *bébé somnolent* » et « *compression du sein* »), et voir à ce qu'il boive efficacement. Il existe néanmoins plusieurs types de jaunisses.

Types de jaunisses

- **La jaunisse physiologique commençant entre le 2ᵉ et le 5ᵉ jour de vie.**

Toujours inoffensive par définition, on la nomme aussi ictère physiologique (qui veut dire normal) du nouveau-né. Plus de 50 % des bébés développent une jaunisse physiologique au cours de leur première semaine de vie. Si le bébé n'a pas une bonne prise du sein et qu'il reçoit moins de lait à cause de cela, la jaunisse peut s'en trouver intensifiée. Avec le soutien d'une personne qui connaît bien l'allaitement, on peut corriger la prise du sein facilement. On n'arrête pas l'allaitement à cause d'une jaunisse physiologique ; cela ne réglerait rien et priverait le bébé du meilleur aliment qu'il puisse obtenir.

L'allaitement qui débute dans l'heure qui suit la naissance du bébé, la cohabitation et le contact rapproché entre la mère et son enfant, des tétées efficaces et fréquentes en utilisant la « compression du sein », une bonne prise du sein, sont autant de moyens pour prévenir et « traiter » la jaunisse physiologique du nouveau-né. On s'assure ainsi que le bébé reçoit beaucoup de colostrum, ce qui lui permet d'évacuer plus rapidement le méconium qui est rempli de bilirubine. Si le bébé ne fait pas 2 selles (souvent verdâtres) au cours de sa 3ᵉ journée de vie et/ou qu'il élimine toujours du méconium, cela peut indiquer qu'il a une mauvaise prise du sein. On doit corriger celle-ci et suivre les conseils indiqués précédemment (*voir aussi « Mise au sein et durée des tétées »p. 37*). L'ictère (jaunisse) s'estompera progressivement en quelques jours ou quelques semaines. **La jaunisse physiologique n'est pas une maladie. Par contre, si le bébé ne boit pas efficacement ou pas assez, le taux de bilirubine risque d'augmenter et c'est ce qu'on souhaite éviter.**

- **La jaunisse et le taux élevé de bilirubine après le 5e jour de vie.**

Cette jaunisse qui se poursuit ou qui augmente après le 5e jour de vie est de nos jours considérée comme une « prolongation normale de la jaunisse physiologique du nouveau-né » plutôt qu'un taux de bilirubine anormal (Gartner, 1994b[22]). Un bébé en santé qui reçoit suffisamment de colostrum et de lait maternel au cours des premiers jours de vie et qui a un taux de bilirubine initial bas sera moins sujet à développer une jaunisse plus tardive (Gartner, 1994b). Comme il a été dit, parmi les facteurs principaux associés à la prévention de la jaunisse, il y a une prise du sein adéquate et la fréquence de tétées efficaces. Avec ces mesures simples, la jaunisse « tardive » se résorbera habituellement d'elle-même. Le taux de bilirubine des bébés peut prendre jusqu'à trois mois avant d'atteindre un niveau comparable à celui des adultes.

Bien que la majorité des cas de jaunisse physiologique ne requièrent aucun traitement, beaucoup de professionnels de la santé s'inquiètent lorsque le taux de bilirubine dépasse un certain niveau. Il est donc important de demander des explications claires et précises quant au traitement (le plus fréquent est la photothérapie, qui consiste à exposer le bébé à une lumière continue pendant un certain nombre d'heures). **Il a été démontré qu'il est inutile et néfaste d'interrompre l'allaitement lors d'une jaunisse physiologique**. N'hésitez pas à contacter un professionnel de la santé, votre marraine d'allaitement ou toute autre personne-ressource en allaitement.

---

22. Nancy Mohrbacher et Julie Stock, « *The Breastfeeding Answer Book* » (third revised edition), La Leche League International, 2003, p. 264.

- **La jaunisse pathologique commençant le 1ᵉʳ jour de vie.**

Si le taux de bilirubine est **élevé dès la naissance**, au 1ᵉʳ – 2ᵉ jour de vie, ou qu'il augmente très rapidement, il s'agit souvent d'une jaunisse qui est causée par un problème physique et qui n'a rien à voir avec l'alimentation du bébé. Différents facteurs peuvent causer cet ictère : l'incompatibilité ABO est un des plus fréquents (la mère est du groupe sanguin O et son enfant est A ou B), l'incompatibilité rhésus, une déficience du foie, une infection, un problème métabolique, une obstruction gastro-intestinale. La poursuite de l'allaitement est indiquée <u>sauf</u> dans le cas où le bébé serait atteint de galactosémie (avec aucune activité enzymatique, maladie très rare qui fait en sorte que le bébé est incapable de métaboliser le lactose). Les conseils concernant la prise du sein et les tétées efficaces accompagnées de la compression du sein sont également valables pour la jaunisse pathologique, et un traitement connexe compatible avec l'allaitement pourra être suggéré (par exemple, la photothérapie).

Muguet et candidose mammaire

Le muguet et la candidose mammaire sont des **infections fongiques** causées par un champignon microscopique appelé *candida albicans*. Il se développe dans un environnement sombre, chaud et humide, comme la bouche du nourrisson et sur les mamelons, ou dans le vagin. Le diagnostic de la candidose mammaire repose sur un examen médical et un questionnaire. Il est d'ailleurs conseillé d'éliminer les autres causes possibles de douleurs aux mamelons avant de songer à cette éventualité. Certains facteurs prédisposent les mères à développer une candidose : le fait d'avoir reçu des antibiotiques pendant la grossesse ou l'accouchement (souvent le cas au cours d'une césarienne ou si les membranes sont perforées, ou pour une autre raison) ; la présence de gerçures et de crevasses, le diabète, l'usage de certains médicaments, l'alimentation. Les compresses d'allaitement doivent être changées fréquemment car elles créent un milieu chaud et humide qui peut favoriser l'apparition d'une candidose. Il est normal d'avoir du candida albicans dans notre intestin et dans notre corps. C'est lorsqu'il y a déséquilibre (immunité affaiblie, porte d'entrée comme les crevasses) que nous pouvons développer une infection fongique.

Symptômes de la mère :

La mère peut avoir un ou plusieurs des symptômes suivants : **les mamelons peuvent démanger, brûler** pendant et après les tétées ; paraître normaux ou être roses, rouges et/ou lustrés ; si vous avez des gerçures ou des crevasses, elles ne guérissent pas en dépit de tout ce que vous faites ; vous pouvez ressentir des **douleurs lancinantes** (brûlantes ou de type «coup de poignard») dans le sein, pendant ou après la tétée (parfois aggravées le soir et la nuit) ; de petits dépôts blanchâtres peuvent être présents dans le repli du mamelon ou sur l'aréole. Vous avez peut-être une candidose vaginale en même temps ? (Les douleurs «coups de poignards» dans le sein peuvent être un symptôme d'infection bactérienne causée par le staphyloccoque doré, voir p. 114, ou par un vasospasme).

Symptômes du bébé :

Pour le bébé, le muguet se manifeste par des **dépôts blanchâtres sur l'intérieur des joues ou sur les gencives**, parfois sur la **langue et le palais**. Ces plaques ressemblent à des taches de lait caillé mais lorsqu'on les frotte, le blanc ne s'enlève pas et la muqueuse est à vif en dessous. Le bébé n'en est pas toujours incommodé, mais il peut l'être parfois et cela pourrait ressembler à ceci : inconfort lors de la tétée, se retirant constamment du sein, produisant un petit bruit de claquement pendant la tétée ou pleurant de manière inexpliquée entre les tétées. Le fongus peut aussi créer des lésions sur les fesses du bébé (plaques rouge vif bien délimitées autour de l'anus, avec ou sans boutons), car il se retrouve aussi dans son tube digestif et ses selles. Il arrive que le bébé ne présente pas de symptômes apparents de muguet.

Si la mère a une infection fongique (candidose mammaire), il est préférable de la traiter simultanément avec son bébé. Si on ne traite pas les deux, un et l'autre pourront se repasser continuellement le candida albicans... et le problème pourra persister plus longtemps et sera aggravé la plupart du temps.

Traitements possibles

On ne traite pas systématiquement un bébé qui a du muguet si la mère n'a pas de candidose et s'il n'en est pas incommodé car bien souvent cela partira tout seul. Mais si le muguet (bébé) et/ou la candidose (mère) causent de l'inconfort ou que l'allaitement s'en trouve affecté, le traitement devrait être rapide et adéquat pour éviter une infection fongique à répétition et de sérieux problèmes d'allaitement. Selon le cas, un soulagement peut se faire sentir de 1 à 7 jours après le début d'un traitement, mais le problème de muguet ou de candidose peut prendre plus de temps à se régler complètement. Il ne faut pas oublier de nettoyer à l'eau chaude savonneuse tous les articles qui sont en contact avec la bouche du bébé et les seins de la mère.

Les conseils qui suivent s'inspirent de nombreuses recommandations dont celles du Dr Jack Newman, spécialiste de l'allaitement de renommée internationale. Ce dernier est responsable d'une clinique d'allaitement à Toronto depuis de nombreuses années et il est co-auteur du livre de référence « L'Allaitement: comprendre et réussir avec Dr Newman », 2006.

1) Le violet de gentiane (solution aqueuse 1 % pour 10 % alcool) : sans prescription, se trouve dans de nombreuses pharmacies (attention, ça tache !). Le Dr Jack Newman a élaboré un mode d'utilisation du violet de gentiane : tremper un coton-tige dans le violet et badigeonner l'intérieur de la bouche du bébé (gencives, langue, intérieur des joues) une fois par jour (pour 4 à 7 jours). Mettre ensuite le bébé au sein. Après la tétée, si vos aréoles ne sont pas assez colorées, trempez un autre coton-tige dans le violet de gentiane pour les badigeonner, de même que les mamelons. Si les symptômes ont disparu au bout de 4 jours, cessez le traitement, sinon poursuivez-le pour un total de 7 jours. L'utilisation à court terme est sans danger pour le bébé (Dr Newman). Vous pouvez utiliser le violet de gentiane en même temps que d'autres traitements médicamenteux pour la candidose. Dr Newman recommande d'utiliser le violet de gentiane en même temps que « l'onguent tout usage » (voir ci-après). Si aucun soulagement ne se fait sentir, vérifiez si la douleur est causée par autre chose qu'une candidose.

Certaines pharmacies peuvent hésiter à vous vendre du violet de gentiane pour traiter votre candidose mammaire ou le muguet du bébé. Informez-les que le célèbre pharmacologue américain pour l'allaitement, Dr Thomas W. Hale, s'est prononcé en faveur du traitement dans la dernière édition de son livre pour la solution à 0,5 % (2008, voir bibliographie).

2) Onguent tout usage du Dr Newman : tel que suggéré par le Dr Jack Newman et suite à la prescription d'un médecin, le pharmacien mélange les ingrédients suivants : 15 g d'onguent de mupirocine 2 %, 15 g de bétaméthasone 0,1 %, et poudre de miconazole (concentration finale 2 %). Cet onguent traite divers problèmes à la fois, tant l'inflammation que l'infection fongique. Il s'agit d'appliquer une très mince couche d'onguent après chaque tétée. Ne pas l'enlever avant de faire téter le bébé. Après la fin des symptômes, diminuer progressivement en une semaine l'utilisation de l'onguent.

3) Extrait de graines de pamplemousse : Plusieurs mères rapportent son efficacité. Pour la mère : 250 mg, 3-4 fois par jour ou 10 gouttes mélangées dans 150 ml de jus de fruits (orange par exemple), 3 fois par jour. On peut aussi badigeonner directement le mamelon et l'aréole après chaque tétée avec 5-10 gouttes **diluées** dans 30 ml d'eau. Peut être combiné à un autre traitement.

4) Le clotrimazole (ex. Canesten®) : On trouve en vente libre de la crème de clotrimazole 1 %. La mère peut en appliquer 2 à 4 fois par jour après les tétées, sur le mamelon et l'aréole, ainsi que dans la bouche du bébé. Le traitement doit être poursuivi jusqu'à 2 jours après que les symptômes soient disparus. Le pharmacien (avec ou sans ordonnance) peut également mélanger un comprimé de 10 mg de clotrimazole avec 5 ml de glycérine, et 3 ml de méthylcellulose (Amir et Hoover 2002). Il est indiqué que le liquide doit être badigeonné dans la bouche du bébé à toutes les 3 heures, pour 5 applications en tout. Les indications sont les mêmes pour la mère, qui applique le liquide sur le mamelon et l'aréole.

5) Le miconazole (ex. Monistat®) : La crème de miconazole 2 % est disponible sans ordonnance dans les pharmacies. Il est suggéré de l'appliquer sur le mamelon et l'aréole 2 à 4 fois par jour, après les tétées, pendant 7 jours, ainsi que dans la bouche du bébé. Poursuivre 2 jours après que les symptômes soient disparus.

6) Les bactéries lactiques et les probiotiques : aident à rétablir la bonne flore bactérienne dans le corps humain, et contribuent à enrayer la candidose.

Note : Dans la plupart des cas, le traitement médical traditionnel employant la nystatine prend plus de temps à donner des résultats et est moins efficace que les autres traitements (Hoppe 1997).

Cas tenaces et récurrents ou s'il y a douleur profonde dans le sein :

Le fluconazole (ex. Diflucan®) ou le kétoconazole (ex. Nizoral®) peut être ajouté par votre médecin si votre candidose est problématique ou lorsqu'une autre méthode n'a pas fonctionné. Les recommandations pour le **fluconazole** sont : **pour la mère**, 1ère dose initiale de 400 mg, puis 100 mg 2 fois par jour, pour au moins 14 jours. **Poursuivre 1 semaine après la disparition des symptômes**[23]. **Fluconazole pour le bébé** : suspension orale 6 mg/kilo comme 1ère dose de charge, puis 3 mg/kilo/jour, 1 fois par jour, pour 14 jours. Il est préférable de commencer par les probiotiques avant de donner ce médicament au bébé. **Kétoconazole oral pour la mère seulement (moins cher que le fluconazole, un peu moins efficace à l'utilisation)** : 1ère dose de charge de 400 mg, puis 100 mg 2 fois par jour, pour au moins 14 jours (peut nécessiter plusieurs semaines de traitement). Poursuivre 1 semaine après la disparition des symptômes.

L'être humain vit en symbiose avec le *candida albicans*. Un équilibre naturel prévaut habituellement mais si vous avez une infection fongique, certaines mesures sont à prendre : lavez-vous les mains souvent, ainsi que les mains du bébé s'il met ses doigts dans sa bouche. Les compresses d'allaitement du commerce doivent être jetées dès qu'elles sont trop humides (si elles sont en tissu, on doit les laver après chaque usage à l'eau chaude savonneuse – on peut aussi ajouter du vinaigre à l'eau de rinçage). Si le bébé a une sucette d'amusement, faites-la bouillir tous les jours pendant 20 minutes (ou enduisez-la de violet de gentiane). Lavez les jouets que le bébé porte à sa bouche à

---

23. Références tirées de : Jack Newman et Teresa Pitman « *L'Allaitement: comprendre et réussir avec Dr Newman* », Jack Newman Communications, 2006, p.187, ainsi que de son site internet..

l'eau chaude savonneuse. Le *candida albicans* peut se propager aux autres enfants de la famille via les jouets.

Poussées de croissance

Lors d'une poussée de croissance, le bébé a vraiment besoin de boire plus souvent. Des tétées fréquentes et efficaces contribuent à faire augmenter votre production de lait pour qu'elle s'adapte aux besoins grandissants du bébé. Vous pouvez aussi utiliser la technique de la « compression du sein » pendant les poussées de croissance afin d'aider bébé à boire plus de lait.

Symptômes

• Pendant une ou quelques journées, bébé veut boire plus souvent. Il semble satisfait moins longtemps après la tétée, il peut être irritable et s'éveiller fréquemment entre les tétées.

Quand se produisent-elles?

Le moment des poussées de croissance est différent d'un enfant à l'autre : elles peuvent se produire à tout moment. Cependant, certaines périodes ont été remarquées :

• Lors des premiers jours à la maison (montée laiteuse).

• Vers 2 semaines de vie.

• Entre la 3e et la 6e semaine de vie.

- Autour du 3ᵉ mois et du 6ᵉ mois de vie. C'est souvent lors de la poussée de croissance du 3ᵉ mois de vie que les parents peuvent penser que l'enfant est prêt pour l'alimentation « solide », quand en fait il cherche simplement à faire augmenter la production lactée de sa mère.

- Outre les poussées de croissance, des tétées plus fréquentes peuvent survenir lors d'une période d'inconfort physique, de maladie ou d'insécurité.

Suggestions

- **Plus le bébé tète souvent et avec une succion efficace, plus vous aurez de lait (loi de l'offre et de la demande).**

- Répondez aux besoins de votre bébé en lui offrant le sein plus fréquemment pour quelques jours. Faites une **« lune de miel »** en vous reposant au lit avec bébé pour l'allaiter. Profitez-en pour lire un bon livre ou regarder des vidéos. Buvez et mangez bien.

- **Laissez le bébé téter au 1ᵉʳ sein à volonté** avant de passer à l'autre sein ; il boira ainsi plus de lait riche en matières grasses, ce qui pourra le satisfaire plus longtemps. Si votre bébé tète avec peu de vigueur, la **compression du sein** lui permettra de boire plus au même sein.

- **Attendez pour amorcer l'alimentation solide**, ce n'est pas ce dont bébé a besoin. Les poussées de croissance sont normales, et elles passent en quelques jours. Avant l'âge de 6 mois, les aliments solides ne sont pas essentiels et n'ont pas la haute valeur nutritive du lait maternel.

- À partir du 3ᵉ mois, le bébé est plus éveillé et s'intéresse de plus en plus à son environnement. Ses changements d'humeur peuvent parfois indiquer un besoin grandissant d'action et d'interaction, pas seulement de nourriture.

- Si la poussée de croissance ne semble pas se terminer au bout de plusieurs jours, et que votre bébé semble très insatisfait, contactez une personne-ressource en allaitement. Il pourrait y avoir une autre problématique que la poussée de croissance.

Refus du sein et grève de la tétée

Un bébé peut occasionnellement refuser le sein pour diverses raisons, et cela peut durer quelques heures…. voire une journée. La plupart des bébés finissent par reprendre le sein grâce à quelques trucs et à la patience de leurs mères.

Causes possibles :

- **Médicaments** absorbés par la mère pendant l'accouchement (peuvent nuire au réflexe de succion du bébé et à son état d'éveil) ; **traumatisme dû à la naissance** et malaise physique (utilisation de ventouse, de forceps, hanche disloquée, clavicule fracturée, torticolis, etc.).

- **Mauvaise prise du sein** ; bébé qui aurait une difficulté à prendre le sein à cause de son anatomie (**frein de langue court** par exemple).

- Entre la 2e et la 5e journée de vie, **engorgement** ou **montée laiteuse lente à se produire** ; à tout moment, un **réflexe d'éjection puissant** *(voir p. 122)*, **retardé** ou une forte production lactée sont des facteurs à observer.

- Utilisation d'une **sucette** ou suppléments donnés avec un **biberon** ou un autre moyen que le sein créant une confusion dans la succion du bébé (toute méthode alternative au sein – sauf le dispositif d'aide à l'allaitement (DAA) – peut créer de la confusion dans le mode de succion du bébé et l'oubli de la technique de succion au sein).

- **Aversion orale** : un bébé qui aurait été maintenu de force au sein peut le refuser violemment par la suite…Cela ne devrait JAMAIS se produire. Les invasions répétées dans la zone buccale du bébé peuvent être nocives (intubations, aspirations, etc.). L'utilisation de crèmes ou de parfums aux odeurs fortes peuvent déranger certains bébés, tout autant qu'un changement de parfum…

- **Muguet** ; **reflux gastro-oesophagien** ; problèmes neurologiques (peu fréquent).

- **Vous avez une mastite.** *(voir p. 129)*

- Si votre bébé a environ 6 mois et que son alimentation est diversifiée, une trop grande quantité d'aliments solides peuvent faire en sorte qu'il n'ait pas faim pour prendre le sein…

- Situation de forte tension, de stress. Changement dans la routine (retour au travail, déménagement, etc.). Phase de développement (bébé sur le point de ramper ou de marcher).

- Début d'une période menstruelle.

- Bébé fait une **poussée dentaire**, a une **otite**, de la **congestion nasale**, etc.).

- **Différences d'un sein à l'autre** (mamelons, écoulement du lait). Certains bébés vont préférer un sein à l'autre. Si après plusieurs semaines d'efforts le comportement du bébé ne change pas, on peut très bien nourrir le bébé d'un seul sein.

- Un bébé ou un bambin peut refuser la tétée parce que le moment ne lui convient pas ou qu'il y a des sources de distraction ou de stress. Chez un bambin plus âgé, cela peut être un indice de sevrage naturel.

- Un bébé qui reçoit régulièrement des biberons pourrait se mettre à refuser le sein.

- **Un bébé endormi n'est pas un bébé qui refuse le sein**...il faut respecter son cycle éveil/sommeil, l'allaiter au bon moment et le stimuler adéquatement lors des tétées *(voir rubriques associées)*.

Suggestions

- **Déterminez la cause** pour laquelle le bébé refuse le sein. Vérifiez si vos mamelons sont inversés, *(voir « mamelons inversés » p. 127)*, si le bébé a du muguet *(voir p. 93)* ou s'il a un frein de langue court. **Si le problème dure après quelques tentatives de mise au sein, demandez** immédiatement **le soutien d'une personne-ressource en allaitement qui pourra vous aider.**

- Persévérez, mais n'insistez pas trop. Continuez d'offrir le sein souvent, un bébé qui a faim prendra le sein tôt ou tard. La situation est temporaire.

- Si votre bébé pleure beaucoup et lutte pour ne pas prendre le sein, on ne doit JAMAIS le forcer ou le maintenir au sein contre son gré. Vous n'êtes pas la cause de son état. Essayez de le calmer avec des mots doux, une berceuse, et des caresses apaisantes. Donnez-lui un doigt propre à téter avant de lui offrir le sein. Proposez le sein plus souvent, surtout lorsque le bébé est calme et somnolent.

- **Augmentez le contact direct peau à peau avec votre tout-petit,** notamment en prenant un bon bain chaud avec lui. Cela favorise les réflexes du bébé, entre autres celui de la succion. Et bien des stress sont ainsi apaisés...

- Si vos seins sont très gonflés et que le bébé peut difficilement saisir les aréoles, massez-les et exprimez un peu de lait pour les assouplir *(voir « engorgement » p. 119)*.

- **Pour les tétées, apaisez votre environnement** : fermez la radio, la télévision, réduisez la lumière, le bruit et toute stimulation ou installez-vous dans un endroit calme.

- Si le bébé est congestionné, mettez quelques gouttes de solution saline* dans son nez. Allaitez le bébé moins longtemps et plus fréquemment, en le mettant à cheval sur votre cuisse, face au sein (position à califourchon).

- **Persévérance et patience sont les mots-clés...** Si votre réflexe d'éjection est retardé, appliquez des compresses chaudes sur votre sein et massez-le pour le stimuler. La « compression du sein » aidera à faire couler du lait dans la bouche du bébé, ce qui le récompensera pour ses efforts (valable aussi pour les cas de confusion). Vous pouvez aussi exprimer un peu de lait maternel avant la tétée, et en faire couler avec un compte-gouttes près de la bouche du bébé quand il est au sein.

- **Essayez une autre position d'allaitement**. Vous pouvez aussi allaiter le bébé quand il est encore somnolent ou en train de s'éveiller. **Allaitez en**

mouvement (en marchant ou en vous berçant par exemple). Évitez de mettre de la pression sur le haut de la tête du bébé, la plupart n'aiment pas cela.

- **L'utilisation de la sucette d'amusement est déconseillée pour les 4-6 premières semaines d'allaitement**. Cela risque de nuire à l'apprentissage de la succion au sein, et trop satisfaire ses besoins de succion. Bébé pourrait manquer de bonnes occasions de téter au sein, ou pire, le refuser, et boire avec peu d'efficacité... **L'utilisation du biberon est aussi déconseillée pour les 4-6 premières semaines** de vie pour les mêmes raisons que la sucette. Il ne nécessite généralement aucun effort de la part du bébé (sauf pour les prématurés, qui contrôlent difficilement son débit).

- En cas de poussée dentaire, massez les gencives de l'enfant ou donnez-lui quelque chose de froid à mordiller avant la tétée.

- **Si votre enfant continue de refuser le sein après quelques tétées, exprimez votre lait pour maintenir votre production lactée** *(voir p. 171)*, **et offrez-lui à l'aide d'une méthode alternative** *(voir p. 166)* **pour quelques tétées le temps que tout rentre dans l'ordre.** Contactez une personne ressource en allaitement.

- Bien qu'aucune évidence scientifique n'existe à ce sujet, certaines mères ont remarqué que des séances d'ostéopathie pour bébés les avaient aidés à évacuer certains stress vécus au cours de la naissance.

*Recette de solution saline :

250 ml (1 tasse) d'eau bouillie tiède
1/2 c. à thé de sel

Morsures

Lorsqu'un bébé tète activement et avale, il ne peut pas mordre, techniquement parlant. Le mamelon est loin dans la bouche du bébé, les gencives(dents) s'appuient sur la langue, qui elle s'appuie sur l'aréole. Ce ne sont pas tous les bébés qui mordent, mais cela peut se produire quand :

- Bébé a fini de téter activement et de boire ; le flot de lait a diminué ; il a commencé à s'endormir tout en étant au sein.

- Le réflexe d'éjection est lent à se déclencher ; la production de lait a momentanément diminué pour diverses raisons (aliments solides en grande quantité, préparation commerciale donnée en supplément, prise de contraceptifs oraux, etc.). Il suffit d'augmenter la production lactée pour suffire aux besoins du bébé.

- L'enfant veut parfois toute votre attention pendant la tétée, et peut réagir en mordant.

- Les dents sont une nouveauté, et bébé veut...jouer !

Suggestions :

- Lorsque bébé mord, rapprochez-le du sein en l'enfouissant dedans, ce qui lui bloquera le nez partiellement. Il relâchera automatiquement la pression. Vous pouvez aussi retirer complètement le bébé du sein, en prenant garde de ne pas réagir trop fortement. Désapprouvez toutefois son comportement.

- Observez votre bébé pour détecter le moment où les morsures se produisent afin de les éviter (fin de tétée par exemple ou lorsqu'il s'endort).

Si les morsures se multiplient et qu'elles deviennent un réel problème, cessez la tétée au moment où cela se produit en retirant le bébé du sein, déposez-le dans son siège ou par terre en lui disant et montrant que vous n'appréciez pas son comportement. Un anneau de dentition peut lui être offert à ce moment-là afin qu'il comprenne ce qu'il peut mordre ou pas. Pendant la tétée, soyez prête à insérer le petit doigt pour briser sa succion au cas où il voudrait tourner la tête avec le mamelon en bouche. Même un jeune bébé comprendra la situation par le ton de votre voix, la fin abrupte de la tétée ou un « non » prononcé avec détermination. Vous n'êtes pas obligée de cesser l'allaitement à cause des morsures, bien que cela ne soit pas agréable. **Le comportement devrait cesser rapidement.**

Régurgitations

Une régurgitation est un rejet de lait de quantité variable, fait sans effort, n'importe quand après la tétée. C'est un **phénomène normal** pour un bébé en santé (dû à l'immaturité du cardia, le muscle qui ferme l'entrée supérieure de l'estomac). **Certains bébés régurgitent beaucoup, mais s'ils semblent heureux et confortables, n'ont pas de malaises associés et continuent de prendre du poids... inutile de s'inquiéter !** Les régurgitations diminuent grandement lorsque le bébé est capable de rester en position assise par lui-même ou lorsqu'il peut se tenir debout.

Causes possibles

- Le bébé avale un peu d'air en tétant et lors d'un rot, l'air qui s'échappe entraîne aussi un peu de lait. Il peut également rejeter un surplus de lait s'il a trop bu.

- Le bébé boit très vite et trop à la fois, parfois causé par un réflexe d'éjection puissant chez la mère *(voir « réflexe d'éjection puissant » p. 122)*. Les bébés peuvent aussi avoir un réflexe nauséeux important. Certaines femmes ont des mamelons très longs qui peuvent accentuer ce phénomène (souvent d'origine asiatique).

- On bouge trop bébé après son repas ou il est agité. S'il tète ses doigts ou ses poings en allant trop loin dans sa bouche… cela peut lui causer un haut le cœur.

- Bébé semble présenter une réaction constante qui pourrait être attribuée à la consommation d'un aliment (préparation commerciale, solides, etc.) ou d'un médicament (parfois certaines vitamines pour bébés). À vérifier, et ne pas sauter aux conclusions trop rapidement…

- Il n'y a peut-être pas de causes particulières à ses régurgitations, à part l'immaturité du cardia…

Suggestions

- **Faites une pause après la tétée** au premier sein. Manipulez le bébé doucement. Changez plutôt sa couche et ses vêtements avant la tétée, s'il y a lieu.

- Si le bébé prend beaucoup de poids parce qu'il boit de grandes quantités de lait très rapidement (peut être associé à un réflexe d'éjection puissant), **essayez de donner un seul sein par tétée et voyez si les régurgitations diminuent.**

- **Si le bébé s'étouffe au moment du réflexe d'éjection,** enlevez-le du sein et attendez que le flux de lait diminue en recueillant le lait, pour ensuite le remettre au sein. Vous pouvez aussi le faire roter plus souvent. *Voir la rubrique « réflexe d'éjection puissant ».*

- Mettez le bébé en **position semi-assise après la tétée** ou prenez-le contre vous à la verticale.

- Si vous donnez des vitamines liquides au bébé (fer, vitamine D, etc.), vous pouvez tenter de les arrêter quelques jours pour voir si les régurgitations diminuent. Parlez-en à votre professionnel de la santé.

- **Finalement, vous pouvez tout simplement attendre que ça passe… ! Les régurgitations sont plus un problème de lessive que de santé ! Souvent, il n'y a pas lieu de s'inquiéter (bébé gagne du poids, à l'air bien, et a des éliminations normales).**

Si votre bébé a des <u>vomissements en jet à tous les jours</u>, consultez un médecin (il pourrait s'agir d'une sténose du pylore – diagnostiquée la plupart du temps au cours des premiers jours de vie – ou d'une allergie). S'il vomit et fait de la fièvre, consultez un médecin immédiatement. **Gardez en tête que votre lait est toujours le meilleur aliment pour votre bébé, car il se digère rapidement.** Un sevrage temporaire serait inutile et nuisible au bébé, et le fait de donner de la préparation commerciale aggraverait le problème des régurgitations dans la plupart des cas, tout en présentant d'autres désavantages pour le bébé. Reflux gastro-oesophagien: le bébé qui en souffre ne régurgite pas nécessairement, ne prend pas de poids adéquatement, pleure après les tétées, et semble inconfortable. Au besoin, consultez votre professionnel de la santé.

Bébé qui donne l'impression de toujours être au sein

Évidemment, tout est relatif. Un bébé ne peut pas être constamment au sein et téter activement 24 heures pas jour ! Bébé peut avoir des périodes de repos au sein, de succion non-nutritive (alias « tétouillage ») pour combler un grand besoin de succion. Regardons-y de plus près.

Causes possibles

- Poussée de croissance ou besoin de sécurité, de chaleur, de contact.

- Tétées moins efficaces dues à une prise du sein inadéquate ou bébé qui boit moins à la fois, mais qui en redemande plus souvent (une question de maturité physiologique).

- Prise de contraceptifs oraux avec oestrogènes (pilule anticonceptionnelle régulière). Ils causent souvent une diminution de la production lactée[24].

- Il fait très chaud ou l'air est très sec dans la maison. Bébé étanche sa soif au sein en buvant plus souvent.

- Capacité de stockage des seins moins élevée (bébé n'est pas toujours au sein, mais peut le demander plus souvent que la moyenne pour boire sa ration quotidienne : ex. 12 fois au lieu de 6-8 par 24 h). La capacité de stockage est souvent en lien avec la taille des seins.

- Situation de tension et de stress. Environnement perturbé.

- Malaise transitoire (fièvre, dents, etc.)

- Autres causes qui justifieraient une baisse de sécrétion lactée (certains médicaments, par exemple).

---

24. Bien que cela soit controversé, certaines mères ont remarqué que les injections de Depo-Provera® ont eu cet effet négatif sur leur lactation, le pire étant que l'effet n'est réversible qu'au bout de 3 mois ! La micro-pilule à base de progestérone fait parfois diminuer la production lactée.

Suggestions

- **Il est normal pour un bébé allaité exclusivement de prendre environ 8-12 tétées par 24 heures, l'important étant des tétées efficaces avec une bonne prise du sein <u>plutôt que leur nombre</u>.** *Revoyez en entier la rubrique « Mise au sein et durée des tétées ».* Laissez bébé téter à volonté pour qu'il puisse boire le lait plus gras de fin de tétée, et offrez les deux seins *(voir aussi la rubrique « poussées de croissance »).* Si le bébé boit de manière plus fréquente à un moment de la journée (souvent en avant-midi ou en soirée), on appelle cela des **« tétées groupées »**. Une période de repos suivra généralement les tétées groupées.

- **L'adaptation à la vie extra-utérine n'est pas évidente pour bébé.** Il a besoin de **trouver des repères** qu'il avait dans votre utérus pour se sentir en sécurité (chaleur, bercements, battements de cœur, votre odeur, etc.). Il est donc compréhensible qu'il demande à être dans vos bras, pour téter parfois en même temps, tout en étant sécurisé, blotti contre papa quand il est là. Le portage peut vous rendre de grands services.

- Nous n'avons pas toujours le même appétit à chaque repas, c'est la même chose pour le bébé qui peut boire plus ou moins souvent d'une journée à l'autre. La situation peut être transitoire, notamment s'il s'agit d'une **poussée de croissance**.

- S'il fait chaud et que le bébé est allaité exclusivement sans autres aliments que le lait maternel, **les suppléments d'eau sont déconseillés**. De plus, l'eau n'est pas nutritive en soi ; il vaut mieux que le bébé étanche sa soif au sein et reçoive en même temps des nutriments de haute qualité.

- Vérifiez si le gain de poids se fait de manière adéquate *(voir « prise du sein »).*

Photographie : Isabelle Blais

Chapitre 5 : Certaines difficultés d'allaitement et leurs solutions

N'oubliez pas qu'il est toujours temps de contacter une marraine d'allaitement d'un groupe Nourri-Source ou d'un autre groupe d'entraide à l'allaitement. Ces personnes-ressources pourront vous aider à trouver des réponses à vos interrogations et vous offrir le soutien que vous recherchez. Pour toute difficulté importante, contactez un professionnel spécialisé en allaitement.

Canaux lactifères obstrués (voir « mastite »)

Douleurs aux mamelons, gerçures et crevasses

Il est possible que vous éprouviez une certaine *sensibilité* des mamelons au cours des premiers jours d'allaitement, sans qu'il y ait apparition de gerçures ou de crevasses. Si vos seins sont *sensibles*, cela diminuera après quelques jours, lorsque votre montée laiteuse aura eu lieu (**s'il y a de la douleur** et que vous avez de la difficulté à la supporter, **ce n'est pas normal** et cela signifie généralement que le bébé a une mauvaise prise du sein. Lisez les recommandations qui suivent ainsi que la rubrique « *Mise au sein et durée des tétées* »). **Contactez votre marraine d'allaitement ou toute autre personne-ressource en allaitement sans tarder afin de corriger la situation.**

- **Gerçure** : blessure superficielle du mamelon ou de l'aréole.

- **Crevasse** : blessure plus profonde du mamelon ou de l'aréole, avec ou sans saignement.

- **Vasospasme du mamelon :** le phénomène se produit la plupart du temps après que le bébé a terminé sa tétée. Le sang se retire peu à peu du mamelon, faisant en sorte qu'il blanchit et se contracte. Cela occasionne une douleur brûlante ou lancinante. La mère qui expérimente des vasospasmes a bien souvent une autre problématique de douleur aux mamelons (présence de gerçures, de crevasses ou de candidose, mauvaise prise du sein, etc.). Le vasospasme se produit généralement lorsque le mamelon passe du chaud (la bouche du bébé), à l'air ambiant qui est plus frais. Pour éviter les vasospasmes ou les faire cesser rapidement, **appliquez de la chaleur sèche pour faire décontracter le mamelon** (un sac « magique » par exemple ou les paumes de vos mains). Une certaine douleur peut persister pendant une heure après que le vasospasme a cessé. Si la douleur est très intense, cause beaucoup d'inconfort, et que vous êtes certaine qu'il s'agit d'un vasospasme, **la vitamine B6** (pyridoxine) **semble rendre de bons services** et de nombreuses mères ont rapporté un soulagement même si aucune étude ne démontre comment la substance agit[25].

- **Ampoule de lait** *(voir « Mastite et canal lactifère obstrué »)*

- **Candidose mammaire** *(voir cette rubrique)*

- **Infection bactérienne :** peut survenir en cas de crevasses et créer de la douleur (voir page 117).

---

25. Il est suggéré de prendre de 100 à 200 mg de vitamine B6 par jour en une prise, pour 4 jours, puis de prendre 25 mg par jour par la suite. Si la douleur du vasospasme revient, il est alors proposé de revenir à la dose de 100-200 mg par jour. Dans les cas très sévères, un traitement médical compatible avec l'allaitement pourrait être suggéré par le médecin (nifédipine ou onguent de nitroglycérine). Réf. : *L'Allaitement: comprendre et réussir avec Dr Jack Newman*, Jack Newman et Teresa Pitman, Jack Newman Communications, 2006, p.165.

Causes possibles de mamelons douloureux

- **Les principales causes :** bébé a une **mauvaise prise du sein** (seulement le mamelon ou langue mal placée), **position d'allaitement inappropriée** (bébé trop loin de vous ou pas à la hauteur du sein). La pression d'un doigt placé près de l'aréole pendant la tétée peut créer des gerçures...

- Certaines femmes ont des **mamelons de large diamètre à la base**, et le bébé peut créer des gerçures pendant quelques jours le temps qu'il ouvre la bouche plus grand pour prendre plus d'aréole.

- Technique inadéquate pour retirer le bébé du sein.

- Bébé reçoit une **sucette** ou le biberon.

- Utilisation de savon, d'alcool ou de serviettes parfumées pour nettoyer les seins (substances déshydratantes). Il est déconseillé de frotter les mamelons pour les nettoyer. Simplement les rincer à l'eau claire.

- Milieu trop humide entre les tétées (attention aux compresses d'allaitement doublées de plastique et aux compresses d'allaitement portées trop long-temps).

- **Soutien-gorge trop serré.**

- Utilisation d'un **tire-lait de piètre qualité** (certains tire-lait en vente dans les grands magasins ne sont pas recommandés car ils peuvent blesser le sein et l'endommager, en plus d'être inefficaces à exprimer le lait... *(voir rubrique « Utilisation d'un tire-lait p. 173)*.

- **Candidose mammaire et ampoules de lait** *(voir p. 93 et 129)* Certaines mères peuvent avoir de l'eczéma, une dermatite ou du psoriasis au niveau de l'aréole. C'est sans danger pour le bébé. Un onguent prescrit par le médecin devrait régler le problème.

- Bébé a un **frein de langue court**.

- **Grossesse.** Les changements hormonaux peuvent rendre les seins sensibles.

Suggestions pour prévenir, réduire et éliminer douleur, gerçures et crevasses.

- **Revoir les rubriques « Mise au sein et durée des tétées » et « Indices que tout va bien ».** Au cours des premières journées d'allaitement, évitez l'engorgement (voir rubrique suivante). Si l'aréole est tendue, le bébé aura une moins bonne prise du sein, ce qui pourra causer des gerçures.

- **Après la tétée, étendez quelques gouttes de lait maternel** (hydratant et contenant des anticorps) sur les mamelons, les aréoles et laissez sécher mais sans excès. C'est une des meilleures substances à utiliser qui permet aux gerçures de guérir plus vite (Akkuzu et Taskin, 2000).

- Avant de retirer le bébé du sein, brisez la succion en insérant le petit doigt dans le coin de sa bouche, entre ses gencives.

- **L'utilisation de la sucette d'amusement ou du biberon est déconseillée avant l'âge de 4-6 semaines**. Le mode de succion étant très différent, le bébé pourrait vous causer des gerçures par la suite, en plus de refuser le sein.

- **Identifiez** avec votre marraine d'allaitement ou toute autre personne soutien **la cause de la douleur** afin de la traiter correctement.

- **Si vous avez des gerçures**, variez les positions d'allaitement (pour un nouveau-né, évitez de changer trop fréquemment afin de lui permettre de mieux maîtriser l'allaitement). Si bébé a un **frein de langue court**, un médecin, un O.R.L. ou un dentiste peut régler le tout grâce à une petite intervention en cabinet (frénectomie). La langue, devenant plus mobile, permet à la succion du bébé de s'améliorer grandement.

- Outre la **goutte de lait maternel**, si vos mamelons sont abîmés, vous pouvez mettre une bonne couche de **lanoline ultra purifiée pour mères allaitantes** après les tétées (Lansinoh® ou Tendercare®) afin de maintenir leur hydratation naturelle, éviter la formation de croûtes et accélérer la guérison. **Il faut toutefois corriger ce qui cause le problème à la base (la prise du sein par exemple), car il n'y a pas de solution miracle**. Lansinoh® et Tendercare® sont sans danger pour le bébé, inutile de l'enlever avant la tétée, ce qui irriterait les mamelons. **Attention aux compresses d'allaitement qui gardent trop l'humidité de surface ou qui collent aux mamelons gercés et crevassés...** Au besoin, mouillez les compresses avant de les enlever !

- **En cas de crevasses**, comme il peut y avoir infection bactérienne, il devient alors indiqué de nettoyer le mamelon une fois par jour avec un savon doux non-parfumé et de rincer abondamment à l'eau. Pour prévenir les infections, la mère peut aussi appliquer une couche mince d'onguent antibiotique après les tétées[26] (Polysporin®, Bactroban® ou autre marque). C'est sans danger pour le bébé. Si vous avez des crevasses et que vous pensez avoir une infection bactérienne, l'extrait de pépin de pamplemousse pris oralement pourrait aussi aider. *Voir aussi « Onguent tout usage » p. 96.*

26. Nancy Mohrbacher et Julie Stock, « *The Breastfeeding Answer Book* » (third revised edition), La Leche League International, 2003. p. 468 & Thomas W. Hale « *Medications and Mothers' Milk* » 2008.

- Si après avoir mis en application des mesures indiquées précédemment les douleurs aux mamelons ne s'atténuent pas ou si la mise au sein est très difficile, voire impossible, **demandez l'aide d'une personne-ressource en allaitement sans tarder.** Répertoire sur www.nourri-source.org

Pour rendre la tétée moins douloureuse en présence de gerçures et crevasses

- Exprimez manuellement un peu de lait avant la tétée pour que le réflexe d'éjection du lait soit déclenché et que le bébé tète moins fort. Avant la tétée, vous pouvez aussi utiliser des compresses chaudes humides ou un bol d'eau tiède-chaude, puis massez votre sein. Il est très utile de faire la **compression du sein pendant la tétée ;** bébé recevra plus de lait en moins de temps.

- Donnez le sein le **moins douloureux** en premier, allaitez avant que le bébé soit très éveillé et qu'il ait très faim. **Avant la tétée**, vous pouvez appliquer sur le mamelon un **cube de glace** placé dans une débarbouillette humide, pendant quelques minutes, ce qui l'insensibilisera temporairement le temps d'amorcer la tétée.

- Vous pouvez **soulager la douleur** en prenant pour quelques jours de l'acétaminophène (Tylenol® ou autre marque) ou de l'ibuprofène (Advil®, Motrin® ou autre marque).

- **Évitez de réduire le temps de tétée à chaque sein**. Laissez le bébé « vider » le sein plutôt que d'alterner fréquemment au cours d'une même tétée : plusieurs mises au sein = plus de douleur... Si vous avez des gerçures ou des crevasses, retirez le bébé du sein dès que sa succion devient superficielle et non-nutritive ou s'il tète uniquement le mamelon ; ce type de succion peut accentuer les gerçures.

- Changez le bébé de position pour quelques tétées afin de déplacer le point de friction.

Note : si vous avez des crevasses, il peut arriver que l'enfant avale un peu de sang pendant les tétées. Ce n'est pas dangereux, ni une contre-indication à l'allaitement. Vous retrouverez peut-être un peu de ce sang dans les selles du bébé. **En cas de douleurs aux mamelons, la téterelle est à éviter car elle ne rendra aucun service, risquant de créer d'autres problèmes (la confusion sein-tétine notamment).** Il faut plutôt régler les problèmes à la base.

Engorgement mammaire

Phénomène de trop-plein et d'inflammation qui se présente parfois au début de l'allaitement (surtout entre la 3e et 6e journée après l'accouchement) lorsque la lactation se met en route. « **Engorgement** » **n'est pas synonyme de « montée laiteuse »**, la preuve étant que plusieurs mères ont leur montée laiteuse sans expérimenter d'engorgement ! La succion du bébé et une prise du sein incorrectes, des tétées peu efficaces et trop espacées mènent à l'engorgement. Si vous « sautez » des tétées, vos seins risquent d'être engorgés par la suite. Certaines femmes ont tendance à développer de l'engorgement au début de l'allaitement malgré ce qu'elles font pour le prévenir. Si vous avez de l'engorgement et que vous mettez en application les conseils énumérés ci-dessous, la situation reviendra rapidement à la normale au bout de 12 à 48 heures.

Symptômes

- Les seins (parfois un seul) sont lourds, chauds, douloureux et gonflés dans une partie, au niveau de l'aréole ou complètement. La peau du sein est rougeâtre et luisante. Vous pouvez faire un peu de fièvre et ressentir de la douleur jusqu'à l'aisselle.

- Les mamelons peuvent devenir plats (phénomène causé par le gonflement exagéré du sein et de l'aréole).

Causes possibles

- Lors de la montée laiteuse, tétées qui ne sont pas assez fréquentes, minutées, trop courtes ou d'un seul sein à la fois. Prise du sein incorrecte ou transfert insuffisant de lait.

- Suppléments de préparation commerciale pour nourrissons. Ou très forte production lactée.

- Intraveineuse donnée lors de l'accouchement, ou hypertension chez la mère.

Suggestions pour faire diminuer l'engorgement.

- Pour stimuler le réflexe d'éjection, appliquez des compresses d'eau tiède sur le sein OU prenez une douche chaude. **Massez doucement le sein** (du thorax vers le mamelon). **Exprimez du lait avant la tétée** pour assouplir l'aréole et diminuer la tension. Si l'aréole est tendue et bombée, massez-la avant la tétée.

- Avant la tétée, pour soulager l'engorgement, faites des applications de froid pendant 10-15 minutes (voir section «après la tétée»). **Vérifiez la prise du sein** et faites la **compression du sein** pour aider à évacuer le lait pendant les tétées. Voir les rubriques « *Mise au sein et durée des tétées* » et « *Fréquence des tétées* ».

- Vous pouvez essayer d'allaiter bébé plus souvent, tout en gardant en tête que le plus important est une bonne prise du sein et une succion efficace.

Offrez aussi le sein la nuit ou exprimez votre lait pour éviter d'augmenter l'engorgement si bébé dort plus longtemps. Vous pouvez allaiter dans la **position de la louve** pour bien drainer vos seins *(voir p. 132)*.

- Au cours de la tétée, si le bébé a peu bu au deuxième sein, exprimez le surplus de lait manuellement ou à l'aide d'un tire-lait manuel recommandé pour vous soulager. Vous pouvez congeler le lait exprimé.

- Si vous avez **besoin de soulager l'inconfort et la douleur** causés par l'engorgement, vous pouvez utiliser de l'**ibuprofène** (Advil®, Motrin® ou autre marque), qui a une action anti-inflammatoire[27] ou de l'**acétamino-phène** (Tylenol®, Atasol® ou autre marque).

- Malgré tout ce qu'on aura pu en dire, et même s'il n'existe aucune preuve scientifique de leur efficacité, **de nombreuses mères obtiennent du soulagement en appliquant des feuilles de chou vert** sur leurs seins engorgés. Rincez la feuille à l'eau froide, faites un trou pour l'aréole, et appliquez sur le sein pour 20 minutes, à l'intérieur du soutien-gorge. Répétez après chaque tétée au cours de l'engorgement. Certains disent qu'il faut les laisser en place jusqu'à ce qu'elles soient fanées. Généralement, en 8 heures, il y a une nette diminution de l'engorgement.

Après la tétée

- Appliquez du froid sur le sein pour 10-15 minutes maximum (compresse thérapeutique de gel mou réutilisable ou de la glace concassée dans un sac

---

27. Jack Newman et Teresa Pitman, « *L'Allaitement: comprendre et réussir avec Dr Jack Newman* », Jack Newman Communications, 2006 p. 200.

de plastique, en mettant un petit tissu mouillé sur le sein pour le protéger).
L'engorgement est en grande partie de l'inflammation.

- Le fait de porter un bon soutien-gorge (bien ajusté mais pas trop serré) peut vous soulager. Si vous êtes trop à l'étroit, cela peut couper la circulation et causer d'autres problèmes (par exemple, une mastite).

- NOTE IMPORTANTE: évitez l'engorgement sévère, car cela peut faire diminuer la production lactée de manière importante. Si la situation ne s'améliore pas, consultez un professionnel de l'allaitement.

Réflexe d'éjection puissant

La cause du réflexe d'éjection puissant est d'origine physiologique. Il ne faut pas s'en inquiéter outre mesure, ce n'est pas dangereux et de nombreux bébés gèrent eux-même la situation. Dans le cas où le réflexe d'éjection deviendrait incommodant, **le jet de lait est alors très puissant** et son débit est très rapide. **Le bébé peut s'étouffer momentanément et avoir de la difficulté à boire pendant qu'il se produit,** il peut régurgiter davantage pendant la journée et avoir le comportement d'un bébé dit « à coliques » (bébé absorbe beaucoup de lait en peu de temps et il boit parfois moins de lait riche en matières grasses). Le bébé a tendance à avaler plus d'air car il se retire du sein plus fréquemment, et cela risque donc de lui donner des gaz. Si vous avez un réflexe d'éjection puissant, votre bébé est probablement agité pendant les tétées, se retirant du sein lorsque le lait gicle violemment pendant le réflexe d'éjection, puis se mettant en colère par la suite si le lait ne coule pas assez rapidement… ! Avec un peu de patience et quelques conseils, tout devrait rentrer dans l'ordre éventuellement.

Suggestions

- Si vous avez une forte production lactée, et que votre bébé a un bon gain de poids, **donnez un seul sein par tétée**[28] et faites éructer bébé souvent.

- **Allaitez plus fréquemment** et évitez d'attendre que votre petit trésor ait très faim. Votre sein sera moins « plein » et le flot de lait se gérera mieux.

- Si vous allaitez en madone inversée ou traditionnelle, faites-le de façon à ce que **la tête et la gorge du bébé soient placées plus haut que votre sein,** ce qui aidera à ralentir le transfert de lait dans sa bouche. En vous appuyant sur des oreillers, vous pouvez **vous incliner vers l'arrière pour allaiter.** La **position couchée** est également utile et permet au surplus de lait de couler sur une serviette épaisse placée sous le sein. La **position semi-couchée sur le dos** (position australienne : bébé est au sein en étant couché face à vous, en diagonale sur votre abdomen) permet aussi de **ralentir le flux de lait** en jouant contre la gravité.

- Au besoin, exprimez manuellement un peu de lait avant la tétée pour faire passer un peu le réflexe d'éjection.

- Pendant que le bébé tète, si l'autre sein se met à couler, vous pouvez recueillir ce lait dans un contenant propre pour utilisation future *(voir « Conservation et utilisation du lait maternel », p. 176).*

- Au besoin, contactez votre marraine d'allaitement ou toute autre personne-ressource dans ce domaine.

---

28. Si cette mesure ne suffit pas à améliorer la situation, vous pouvez tenter de donner le même sein pour deux tétées consécutives, tout en veillant à ce que l'autre sein ne devienne pas engorgé. Exprimez du lait au besoin.

Diminution de la production lactée

Il est **rare** qu'une mère n'ait réellement pas assez de lait pour nourrir son ou ses bébés. Un principe de base régit la production de lait : plus le bébé boit de lait, plus vous en produisez *(voir rubrique « Mise au sein et durée des tétées »)*. C'est le principe de l'offre et de la demande. Un bébé qui pleure, qui ne fait pas ses nuits ou qui prend du poids moins rapidement que la norme n'est pas nécessairement un signe que votre production lactée est insuffisante ! Attention aux « symptômes » qui sont faussement associés au « manque de lait »… ! Malgré que cela soit **peu fréquent**, certaines situations peuvent faire en sorte que la production lactée soit insuffisante.

Causes possibles d'une production de lait insuffisante

- **Tétées insuffisantes, limitées dans leur durée**, **allaitement à horaire fixe** au lieu de « à la demande ». Bébé dormeur, qui a une **mauvaise prise de sein**, utilisation de la sucette ou du biberon, usage de **suppléments** de préparation commerciale pour nourrissons, utilisation d'une téterelle.

- Prise de **contraceptifs hormonaux** avec œstrogène ; certains médicaments peuvent aussi faire diminuer la production de lait. Consultez www.nourri-source.org

- Chirurgie mammaire ou thoracique.

- Rétention placentaire (morceau de placenta encore présent dans l'utérus).

- Hypothyroïdie ou diabète non-traité chez la mère, fatigue et stress <u>extrêmes</u> (par diminution et inhibition du réflexe d'éjection).

- Restriction alimentaire sévère (nombre de calories insuffisant)

- Interruption temporaire de l'allaitement (mère ou bébé hospitalisé, chirurgie, etc.)

- Êtes-vous enceinte ?

Suggestions

- Vérifiez la **prise du sein** et assurez-vous que bébé boit efficacement, ce qui vous assurera une bonne production lactée. **Allaitez plus souvent**, tout en respectant les cycles éveil/sommeil du bébé. Utilisez la technique de la « **compression du sein** ». **Revoyez la rubrique** « *Mise au sein et durée des tétées* »

- **Vérifiez les éliminations du bébé** *(voir* « *Indices que tout va bien* »).

- Favorisez le **contact peau à peau** avec votre bébé pour stimuler votre lactation. **Quelques jours de repos, à allaiter fréquemment en position couchée pour vous reposer**, feront rentrer les choses dans l'ordre. Faites la sieste en même temps que le bébé si possible. **Acceptez l'aide proposée** pour les tâches ménagères et les repas. Un climat de détente devrait être favorisé.

- **L'utilisation de la sucette et du biberon est déconseillée** à cause de la différence qui existe entre les deux types de succion. La plupart des bébés qui prennent la sucette téteront moins souvent et moins efficacement au sein. **Résistez à la tentation de donner un supplément de préparation commerciale pour nourrissons**. Si nécessaire, ne donnez que votre lait exprimé au préalable. Si vous utilisez une téterelle, il se peut que votre production lactée ait chuté à cause de cela. **Consultez votre marraine d'allaitement ou une autre personne-ressource en allaitement.**

- Prenez le temps de boire et de manger, pensez à prendre de petites collations nutritives et à vous reposer.

- Si vous utilisez un contraceptif hormonal avec œstrogène… il serait nécessaire de songer à le remplacer par une méthode de contraception compatible avec l'allaitement *(voir p. 182)*

- **Certaines plantes ou substances peuvent faire augmenter la production lactée : le fénugrec, pris seul ou avec du chardon béni,** en capsules de préférence (3 capsules 3 fois par jour de chacun) sont recommandés par certains spécialistes de l'allaitement[29]. Leur utilisation tel que suggéré a démontré que si la mère répond bien, l'augmentation de la production lactée survient dans les 72 heures (Huggins 1998). **NOTE : le fénugrec contribue à abaisser la glycémie des mères diabétiques, peut avoir un effet laxatif, peut augmenter l'effet des anticoagulants (warfarine), et peut incommoder les personnes allergiques aux graminées.** L'efficacité de ces substances naturelles n'est pas garantie, mais elles donnent souvent de très bons résultats. Le fenouil, les feuilles de framboisier sont également utilisés. Par contre, la première étape est toujours de vérifier la prise du sein et que les tétées soient efficaces.

- Une étude[30] a démontré qu'une substance contenue dans le **malt d'orge** (les bêta-glucanes) **contribuerait à accroître la lactation** (en augmentant le taux de l'hormone prolactine chez la mère). La bière (avec ou sans alcool et riche en malt) ou les breuvages à base de malt (Ovaltine) pourraient donc contribuer à faire augmenter la production lactée.

29. Jack Newman et Teresa Pitman, «*L'allaitement: comprendre et réussir avec Dr Jack Newman*», Jack Newman Communications, 2006, p.115.
30. L.M. Houdebine, L. Sawadogo et H. Sepheri, « *Étude de l'action lactogène de la bière* », Entretiens de Bichat, Expansion Scientifique Française 26 sept. 1990, p. 147-50

- Si un supplément doit être offert au bébé pour des raisons médicales (votre lait est toujours préférable à la préparation commerciale pour nourrissons), utilisez de préférence un Dispositif d'Aide à l'Allaitement *(D.A.A., voir p. 168)*. De cette façon, vos seins seront stimulés par la succion du bébé car le supplément est pris directement au sein pendant la tétée à l'aide d'un petit tube dans lequel s'écoule le lait. De plus, l'enfant continue d'assimiler le sein à la satisfaction de son appétit, ce qui est très important. D'autres méthodes alternatives au biberon peuvent aussi être utilisées : le gobelet, le compte-gouttes, l'alimentation au doigt. Pour certains cas très spécifiques, des médicaments peuvent être prescrits temporairement à la mère pour faire augmenter sa production de lait *(voir « Relactation » p. 164)*.

Mamelons plats ou inversés (ombiliqués, rétractés, invaginés)

Si vous observez vos seins, vous pouvez facilement constater si vos mamelons sont plats. Si vous comprimez l'aréole et que le mamelon ne ressort pas, mais au contraire qu'il rentre vers l'intérieur, on dit alors que le mamelon est « inversé » (synonyme d'ombiliqué, rétracté ou invaginé). Sous l'effet des hormones de la grossesse, les seins et les mamelons changent d'aspect, et certains mamelons plats font ensuite saillie. Mais il arrive parfois qu'ils restent plats ou inversés. **Le fait d'avoir les mamelons plats ou inversés n'empêche pas une femme d'allaiter** car c'est l'aréole que le bébé comprime pour obtenir le lait maternel. Autrement dit, le bébé boit au sein, pas au mamelon ! Selon le degré d'inversion, la mise au sein peut toutefois être plus ardue pour les premières semaines d'allaitement. Évitez la sucette. Généralement, la succion du bébé se chargera de faire ressortir les mamelons plats !

Si vous êtes enceinte et que vous croyez avoir les mamelons inversés ou si vous expérimentez des difficultés d'allaitement à cause de cela, contactez une marraine d'allaitement ou une personne-ressource en allaitement pour obtenir du soutien et de l'information. Vous pouvez aussi lire ce qui suit :

- Demandez à être jumelée avec une marraine d'allaitement AVANT votre accouchement, et prenez un maximum d'informations pour une bonne mise en route de l'allaitement.

- Une bonne position d'allaitement et une bonne prise du sein dès les premières tétées sont déterminantes *(voir « Mise au sein et durée des tétées »)*. Aiguisez votre patience pour les mises au sein. Évitez complètement la sucette pour 4-6 semaines.

- Allaitez dans l'heure suivant votre accouchement, conservez bébé près de vous en contact peau à peau, et allaitez fréquemment en vous assurant que bébé a une bonne prise du sein pour **éviter l'engorgement**.

- Avant que le bébé prenne le sein, vous pouvez rouler délicatement le mamelon entre l'index et le pouce pour le faire saillir un peu plus, si cela semble aider votre enfant. « Chatouillez » votre mamelon avec une compresse d'eau froide. Vous pouvez aussi utiliser un tire-lait manuel pendant quelques minutes pour faire ressortir le mamelon. En soutenant votre sein (le pouce au-dessus et les autres doigts en dessous) loin derrière l'aréole, donnez une forme aplatie à votre sein dans le sens de la bouche du bébé pour lui offrir une bonne « bouchée » (technique sandwich). Maintenez cette position jusqu'à ce que votre enfant ait une succion efficace jumelée d'une bonne et solide prise du sein.

N'hésitez pas à contacter un groupe d'entraide à l'allaitement avant l'accouchement et pendant le séjour à l'hôpital afin d'avoir de l'information et du soutien. Au besoin, contactez un professionnel spécialisé en l'allaitement (voir www.nourri-source.org).

Mastite et canal lactifère obstrué

Il est parfois difficile de différencier un canal lactifère obstrué d'une mastite. Les symptômes se ressemblent, et on peut avoir de la fièvre ou pas dans les deux cas, bien que la fièvre soit généralement plus élevée s'il s'agit d'une mastite. Un engorgement important peut aussi engendrer de la fièvre et des courbatures. Un problème de canal lactifère obstrué qui est mal traité peut dégénérer en mastite. La plupart du temps, en prenant des mesures appropriées, une mastite ou un canal lactifère obstrué ne dureront guère plus de 24 à 48 heures. **N.B. : Il est inutile et néfaste de sevrer – même partiellement – un bébé pendant une mastite.**

Symptômes – canal lactifère obstrué :

- Douleur légère et localisée dans le sein avec présence d'une bosse, qui peut changer d'endroit (la bosse n'est pas toujours palpable).
- Rougeur localisée, peu ou pas de chaleur locale autour du canal obstrué.
- Vous vous sentez assez bien en général. Peu ou pas de fièvre.
- Un canal obstrué apparaît généralement de manière graduelle (mais ce n'est pas toujours le cas).

Symptômes – mastite

- Le sein atteint est rouge, enflé et chaud dans une zone précise. La douleur est forte, localisée à un endroit bien délimité.
- Vous pouvez avoir des symptômes qui ressemblent à ceux de la grippe (frissons, courbatures, fatigue généralisée). Vous pouvez faire de la fièvre (au-dessus de 38,4°C)

- La mastite apparaît généralement d'une manière rapide (mais ce n'est pas toujours le cas).

Causes possibles

- Prise du sein incorrecte, succion inefficace, tétées trop espacées. Bébé dort une nuit de temps à autre, favorisant l'engorgement.

- Forte production lactée, bébé qui « vide » peu vos seins.

- Présence de gerçures ou de crevasses (porte d'entrée pour les bactéries).

- Pression continue et forte sur vos seins (porte-bébé, sac à bandoulière lourd, soutien-gorge trop serré, parfois avec armature ou qui ne supporterait pas bien la poitrine, dormir sur le ventre…)

- Vous avez vécu un stress inhabituel et vous vous sentez très fatiguée. Système immunitaire affaibli.

- Sevrage trop rapide (brusque).

Recommandations pour un canal obstrué :

- Avant la tétée, nettoyez le bout du mamelon à l'eau tiède afin de déboucher les ouvertures qui pourraient être obstruées par du lait séché (conseil valable lorsque vous avez un canal bloqué, et non lors de l'allaitement en général). S'il y a une **ampoule de lait** au bout de votre mamelon (petite cloque blanche remplie de lait qui cause de la douleur), vous pouvez la percer doucement à l'aide d'une aiguille stérilisée. Vous pouvez ensuite appliquer un onguent antibactérien (ex. Polysporin®, Bactroban®).

- Lors de la tétée, utilisez la technique de la « **compression du sein** » ; cela peut contribuer à faire débloquer le canal obstrué.

- À chaque tétée, vous pouvez mettre votre bébé au sein de manière à ce que son **menton soit orienté vers la bosse** créée par le canal obstrué. Cela permet de mieux drainer le canal en question. **Vous pouvez aussi allaiter dans la position de la louve** *(voir page suivante)* **à quelques reprises jusqu'à ce que le canal lactifère ne soit plus bloqué.**

Recommandations pour un canal obstrué et une mastite :

- **Poursuivez l'allaitement !** : assurez-vous d'offrir le sein fréquemment, que le bébé ait une **bonne prise du sein**, et qu'il **tète efficacement.** Commencez par le côté douloureux mais sans oublier de faire boire à l'autre sein pour éviter qu'il devienne engorgé. **Dans le cas d'une mastite, si bébé refuse le sein affecté** (parfois à cause du goût salé du lait, qui est toujours excellent pour le bébé en passant), ne vous découragez pas et proposez-le à nouveau. S'il le refuse encore, exprimez votre lait de ce côté (vous pouvez tenter de l'offrir au bébé à l'aide d'une méthode alternative, *voir p. 166*).

- **Vous pouvez prendre de l'ibuprofène** (Advil®, Motrin® ou autre marque) pour atténuer la douleur, diminuer la fièvre et l'inflammation. **L'acétaminophène peut également aider**, mais n'a pas d'effet anti-inflammatoire. Il va de soi que ces médicaments sont compatibles avec l'allaitement.

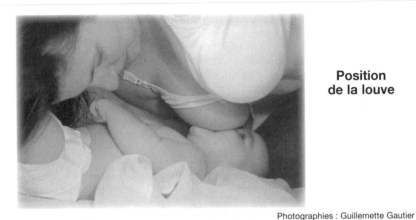

Position
de la louve

Photographies : Guillemette Gautier

* Position de la louve : la mère s'installe par-dessus le bébé afin que la gravité fasse son œuvre en drainant le sein. Orienter le menton du bébé vers la bosse (s'il s'agit d'un canal obstrué.)

- **Appliquez des compresses tièdes-chaudes** (sèches ou humides) **sur la zone endolorie.** Vous pouvez aussi prendre une **douche chaude**, un bain chaud ou faire **tremper votre sein dans un bol d'eau tiède-chaude** pour quelques minutes. Une fois l'écoulement de lait visible, massez doucement de la paume de la main la zone douloureuse du sein en faisant des cercles et en drainant vers le mamelon. Offrez ensuite le sein à votre enfant et massez pendant la tétée pour lui permettre de se drainer encore plus facilement.

- Le fait d'utiliser d'autres positions d'allaitement peut aider grandement.

- Si vous avez une mastite, **le repos est un élément très important de la guérison**. Reposez-vous au lit avec votre enfant afin de récupérer, lire, regarder des films, et le faire téter souvent.

- Selon votre confort, vous pourriez être plus à l'aise avec ou sans soutien-gorge ou bien si vous en portez un qui est plus grand.

- Hydratez-vous bien, surtout si vous faites de la fièvre.

Mastite bactérienne : si après 24 heures de mise en application des mesures ci-haut mentionnées votre situation s'améliore, la mastite devrait guérir en quelques jours. Mais si au bout de 24 heures d'efforts les symptômes grippaux, la fièvre et la zone atteinte ne s'améliorent pas significativement ou que la situation s'aggrave ; ou si la fièvre augmente brusquement ; ou s'il y a écoulement de pus (liquide jaune, vert, malodorant), vous devez immédiatement consulter un médecin qui choisira probablement de vous prescrire un antibiotique compatible avec l'allaitement. Les antibiotiques les plus recommandés sont la céphalexine (Keflex®, 500 mg/4 fois par jour), pour une période de 10 jours, la clindamycine (ex. Cleocin®), la ciprofloxacine (ex. Cipro®), et le Clavulin®/Augmentin®[31].

---

31. Jack Newman & Teresa Pitman «*L'Allaitement : comprendre et réussir avec Dr Jack Newman*», Jack Newman Communications, 2006, p. 199, feuillet «Blocked Ducts and Mastitis» du Dr Newman, 2008.

Note: certains spécialistes ont remarqué que ces 3 derniers antibiotiques semblaient parfois un peu moins efficaces dorénavant. On peut allaiter le bébé sans danger pendant ce traitement aux antibiotiques. Pour soulager votre inconfort, l'ibuprofène et l'acétaminophène sont indiqués.

Pendant la prise d'antibiotiques recommandés :

- **Continuez l'allaitement !**

- Poursuivez les mesures énoncées précédemment.

- Pour éviter une rechute, prenez toute la quantité d'antibiotiques prescrite, même si les symptômes ont cessé. Après 3 à 5 jours de traitement aux antibiotiques, vous devriez aller nettement mieux et les manifestations devraient avoir presque disparu. Si ce n'est pas le cas, vous devriez revoir votre médecin pour commencer à prendre un autre antibiotique et écarter toute possibilité de développer un abcès.

- Si 24 à 48 heures après la fin du traitement les symptômes réapparaissent, consultez immédiatement un médecin.

Il arrive parfois que la sécrétion lactée du sein qui a été atteint d'une mastite diminue un peu, temporairement. Suivez simplement les mesures indiquées à la rubrique « Diminution de la production lactée ». En quelques jours, tout sera rentré dans l'ordre.

Abcès

Dans de **rares cas**, une infection bactérienne du sein qui n'a pas été traitée, qui l'a été trop tard ou incorrectement (mauvais choix d'antibiotique par exemple), peut dégénérer en abcès. Cela peut aussi survenir si vous cessez d'allaiter subitement votre enfant, sans mesures préventives pour limiter les inconvénients. D'autre part, toutes les femmes peuvent avoir un abcès du sein sans allaiter.

Symptômes

- Après avoir eu une infection bactérienne du sein, vous constatez que vous avez une bosse <u>extrêmement</u> sensible, localisée dans une zone d'infection, généralement avec une rougeur locale.

- Présence d'un écoulement souvent purulent (jaunâtre et malodorant), pouvant être évacué ailleurs que par le mamelon.

Recommandations

- **Consultez immédiatement un médecin** pour faire poser un diagnostic et afin d'évaluer si un traitement aux antibiotiques et/ou des aspirations à l'aiguille sont nécessaires. Une échographie peut aider à détecter s'il s'agit d'un abcès, mais une aspiration de la masse est souvent plus efficace, rapide, et offre un soulagement immédiat. La majorité des abcès sont traités par des aspirations répétées et la prise d'antibiotiques. De nos jours, peu de cas nécessitent un drainage chirurgical.

- Pendant le traitement, **vous pouvez continuer d'allaiter des deux seins** (si vous ne pouvez allaiter avec le sein affecté à cause de la douleur, vous devez alors exprimer votre lait de ce côté pour assurer le drainage du sein). Le lait maternel est toujours bon et sans danger pour le bébé. Reposez-vous et allaitez couchée dans votre lit. Soulagez la douleur au besoin (ibuprofène, acétaminophène).

Photographie : Gabriela Oprescu

Chapitre 6 : Situations particulières chez la mère

Une marraine d'allaitement Nourri-Source ou d'un autre groupe d'entraide à l'allaitement a l'expérience de l'allaitement et des connaissances spécifiques. Vous avez des questions et aimeriez obtenir du soutien, n'hésitez pas à nous contacter. Pour toute difficulté majeure, consultez un professionnel de l'allaitement. Consultez aussi le présent chapitre.

Césarienne

Il n'existe **aucune contre-indication** à l'allaitement après un accouchement par césarienne d'un bébé en santé. Toutefois, une mère peut se sentir assez déstabilisée suite à une césarienne, et il vaut mieux décider à l'avance que l'on souhaite vivre l'allaitement. Bien entendu, plus on se « prépare », même indirectement, mieux on peut faire face à la situation si cela se produit. Lors de votre visite à l'hôpital, n'hésitez pas à demander ce qui se passe si vous accouchez par césarienne (protocoles, cohabitation avec le bébé, allaitement). Vous pouvez préparer un « plan de naissance » avant votre accouchement dans lequel vous exprimez certaines volontés. Votre intention d'allaiter rapidement après la naissance devrait être au moins signifiée dans votre dossier médical afin que le personnel soit informé. Vous pouvez aussi mentionner que vous souhaitez que bébé ne reçoive pas de préparation commerciale pour nourrissons, sauf s'il y a nécessité médicale.

Le plus facilitant pour la mère et l'allaitement est que la césarienne se fasse sous anesthésie péridurale. Techniquement parlant, la mère qui accouche par césarienne pourrait allaiter son bébé dès la naissance, en salle d'opération, avec l'aide du père ou de toute personne significative pour tenir le bébé et contribuer à la mise au sein. Mais pour pouvoir faire cela un jour, il faut que les parents le suggèrent au personnel de l'hôpital, car présentement, les protocoles des hôpitaux y sont peu enclins. La plupart du temps, la 1ère tétée pourra se faire en salle de « réveil ». Si vous avez eu une anesthésie générale, la 1ère tétée viendra plus tardivement que si vous avez eu une péridurale. Vous pourrez allaiter dès votre réveil avec l'aide d'une personne attentive.

Si vous accouchez par césarienne, il sera moins facile pour vous de bouger au cours des premières journées. Votre montée laiteuse peut aussi être retardée (jour 5 au lieu de jour 3, par exemple). Patience... Donnez le sein souvent et avec efficacité. L'allaitement peut également nécessiter plus de volonté pour diverses raisons. Une personne significative, connaissant votre intention d'allaiter le bébé, qui serait présente à l'hôpital pour vous donner un coup de main vous rendra un fier service et facilitera grandement le début de votre allaitement. Si vous avez eu une péridurale, vous ne sentirez aucune douleur pour les premières heures et vous pourrez allaiter confortablement, avec un peu d'aide pour la mise au sein. Les médicaments anti-douleur et anti-inflammatoire généralement prescrits par les médecins suite à une césarienne sont compatibles avec l'allaitement (le 1er choix pour diminuer la douleur est la morphine, le naproxen et l'ibuprofène.)

Pour favoriser l'établissement de l'allaitement lors de votre séjour hospitalier, l'idéal est de commencer à cohabiter le plus rapidement possible avec votre bébé, tout en ayant un coup de main d'une personne proche. Au cours des moments où elles sont bien éveillées et alertes, certaines mères choisissent de garder leurs bébés dans le lit sur elles (côtés remontés) afin d'éviter des manipulations inutiles et douloureuses.

La position du bébé pendant l'allaitement est importante. Comme la mère a une plaie opératoire sur l'abdomen, une des positions confortables consiste à installer le bébé en le déposant sur un oreiller pour éviter qu'il fasse pression directe sur la coupure, la maman étant semi-assise pour l'allaiter (madone ou madone inversée, position football). Allaiter en position couchée sera peut-être encore plus confortable. En tout temps, n'hésitez pas à demander l'aide d'une personne significative ou du personnel infirmier.

Après ce type de chirurgie, refaites vos forces en vous reposant avec le bébé, voyez à bien vous alimenter et absorbez beaucoup de liquide (à cause de la déshydratation post-opératoire). L'allaitement est un excellent moyen d'établir un lien solide avec votre bébé. Vous vous sentez utile pour votre enfant, un point positif pour votre estime personnelle. Soyez fière de vous, et profitez des pauses que procure l'allaitement pour récupérer de l'opération.

Chirurgie mammaire et thoracique

On peut allaiter en ayant eu une chirurgie mammaire, mais il se peut que vous rencontriez des obstacles à allaiter exclusivement[32]. Cependant, il vaut mieux allaiter, même partiellement, que pas du tout ! Votre lait est de loin supérieur à toutes les préparations commerciales pour nourrissons.

---

32. Les femmes en âge d'avoir des enfants ont avantage à retarder leurs chirurgies mammaires à plus tard, après avoir décidé qu'elles auraient ou non des enfants afin de se donner la chance de les allaiter exclusivement. Les chirurgiens devraient être bien informés des effets de telles opérations sur les femmes, et leur expliquer les risques qu'il y a pour leur future vie de mère et leur lactation. Les chirurgies de réduction ou d'augmentation mammaire ont souvent un impact négatif sur la lactation.

- **Réduction mammaire**

Quand il y a eu réduction mammaire, il y a eu une diminution du tissu mammaire et glandulaire. La manière dont la chirurgie a été faite (incisions autour de l'aréole, section de nerfs et de canaux lactifères) peut entraîner une diminution partielle ou complète de la production de lait ou de l'écoulement du lait. Mais il est toujours possible et préférable d'allaiter, des mères réussissent même à le faire exclusivement. Suite à une grossesse, il y a des canaux lactifères qui peuvent se refaire et une femme peut parfois allaiter <u>exclusivement</u> son deuxième enfant si elle n'a pas réussi à son premier. Après la montée laiteuse, si vous constatez vraiment que vous avez une insuffisance de lait à cause d'une chirurgie mammaire ou thoracique, poursuivez l'allaitement en utilisant un Dispositif d'Aide à l'Allaitement *(voir p. 168)* ou en donnant, **au besoin**, un supplément de préparation commerciale au gobelet. Souvenez-vous que bébé peut pleurer et être inconfortable pour toutes sortes de raisons, et que ses pleurs ne sont pas tous reliés à la faim, ce que vous et votre entourage aurez peut-être tendance à croire à cause de votre chirurgie mammaire… ! Faites-vous CONFIANCE !

Note : Après la montée laiteuse, surveillez de près le gain de poids, les selles et les mictions de votre enfant. Consultez un professionnel de l'allaitement. Utilisez la préparation commerciale pour nourrissons AU BESOIN.

- **Augmentation mammaire**

Dans le cas d'une augmentation mammaire, les femmes rencontrent moins souvent de difficultés pour allaiter exclusivement. **Mais si le chirurgien a fait une incision autour de l'aréole** (pour la déplacer par exemple), **cela peut causer autant d'inconvénients pour la production lactée** qu'une réduction mammaire[33]... Si vous avez eu des incisions péri-aréolaires, surveillez de près le gain de poids, les selles et les mictions de votre enfant après la montée laiteuse. Vous pouvez aussi avoir de l'engorgement dans certaines zones du sein si des canaux ont été sectionnés.

- **Brûlures, accidents et autres chirurgies du sein et thoracique**

  Après une chirurgie au sein (retrait d'un kyste par exemple, cancer du sein), un coup très violent à cet endroit ou une brûlure au niveau du mamelon, il peut parfois y avoir une diminution de la sensibilité, de la stimulation et de la réponse nerveuse du sein, donc une production lactée moins abondante dans le sein en question. On ne peut pas se prononcer sur la production lactée avant d'allaiter, mais essayez d'allaiter car il vaut toujours mieux allaiter que pas du tout.

Recommandations

Lors de votre grossesse, demandez à être jumelée avec une marraine d'allaitement. Prenez un maximum d'informations sur l'allaitement auprès d'organismes bénévoles reconnus, assistez à des rencontres d'informations etc., afin d'être bien préparée.

Si vous avez eu une chirurgie mammaire ou thoracique, vérifiez de près la prise de poids du bébé et ses éliminations au cours des premières semaines d'allaitement (voir « Indices que tout va bien »). Toutefois, **tant que la montée laiteuse n'a pas eu lieu (vers le 3ᵉ jour de vie), on ne peut juger que la production lactée sera insuffisante,** et ce n'est pas à ce moment-là qu'on

---

33. Si les implants ont été placés sous le tissu mammaire et non sous le muscle, il peut parfois y avoir une diminution de la production lactée à cause de la pression exercée sur les canaux et le tissu mammaire.

devrait décider de donner des suppléments au bébé **sans raisons médicales**. Vous saurez éventuellement si vous pouvez allaiter votre enfant de manière exclusive ou si vous devez compléter avec une préparation commerciale pour nourrissons, en utilisant de préférence un Dispositif d'Aide à l'Allaitement (D.A.A.) ou un gobelet. Si le supplément est donné à l'aide du D.A.A., votre lactation sera favorisée. Il faut éviter de croire que vous n'aurez pas assez de lait pour nourrir votre enfant… Un cercle vicieux s'installerait laissant la place au doute et à l'anxiété : si vous donnez trop de préparation commerciale, votre bébé boira moins de votre lait au cours de la tétée suivante, et votre production lactée finirait par diminuer. **Ayez confiance en vous et donnez priorité à votre lait.**

Pour assurer le suivi du bébé, il est important que vous ayez un professionnel de la santé qui connaisse très bien l'allaitement en cas de chirurgie mammaire et qui vous encouragera dans votre choix. Contactez un professionnel de l'allaitement au besoin (voir www.nourri-source.org). Une marraine d'allaitement pourra aussi vous offrir du soutien.

Allaitement de jumeaux

L'allaitement exclusif de jumeaux (et de triplés) est une expérience réalisable contrairement à ce que plusieurs peuvent croire ! Avec de l'information, de la détermination et du soutien pour les diverses tâches ménagères, plusieurs mères arrivent à poursuivre l'allaitement exclusif de leurs jumeaux pendant plusieurs mois et peuvent avoir une durée d'allaitement comparable à celle des autres femmes. L'important est de se donner du temps et de se faire confiance. Les efforts sont ensuite largement récompensés. Ce n'est pas l'allaitement qui fait en sorte que la maman est fatiguée, mais bien le fait

Photographies :
Isabelle Guay

d'avoir à s'occuper de deux bébés (même trois !) qui ont des cycles et des besoins différents, faisant du sommeil une denrée rare sans que l'allaitement en soit responsable.

Si vous attendez des jumeaux (ou des triplés !) et que vous souhaitez les allaiter, il est essentiel d'informer votre médecin et l'équipe de l'hôpital de vos intentions. À travers l'adaptation que nécessite l'arrivée de deux petits trésors (un bon 4-6 semaines n'est pas de trop pour mettre en place l'allaitement et apprendre à connaître vos enfants), le démarrage de l'allaitement exige temps et attention. Comme nous n'avons que deux bras de toute façon pour répondre aux besoins des bébés, **l'allaitement permet de nourrir et d'offrir un contact physique rassurant aux deux bébés à la fois**, ce qui est impossible dans le cas du biberon pour une seule personne. Comme les jumeaux sont souvent prématurés ou de petit poids, **les bébés ont grandement besoin de la protection que leur apporte le lait maternel**. Les bébés allaités se développent mieux et ont moins de risques d'être malades : ce sont d'importants facteurs à considérer. Comme il n'y a rien à préparer et à faire chauffer, la tâche des parents en est allégée. Les jumeaux allaités pleurent également moins, ce qui est doublement moins stressant (eh oui !) pour les parents. L'allaitement de jumeaux permet aussi de réaliser d'importantes économies en préparations commerciales pour nourrissons (environ 4000 $ si votre allaitement dure 12 mois, sans parler des économies en temps, électricité, et en médicaments…) Investissez une petite partie de cette somme pour acheter tout ce qu'il vous faut pour être confortable lors des tétées, et profitez-en pour vous gâter un petit peu… !

Pour ce qui est de la production lactée, elle répond à la stimulation des seins. Donc si deux bébés tètent, il y aura au moins deux fois plus de lait ! Prévoyez un bon coussin d'allaitement de jumeaux (celui qui s'attache à la taille facilite grandement l'allaitement simultané), ou plusieurs oreillers, dont un grand oreiller de corps.

Quelques conseils

- Demandez le soutien d'une marraine d'allaitement et prenez un maximum d'informations sur l'allaitement de jumeaux pendant votre grossesse. **Échangez avec des mamans de jumeaux qui ont allaité leurs bébés.** Informez-vous sur les méthodes d'expression du lait maternel (manuelle ou à l'aide d'un tire-lait recommandé). Si vous êtes séparée d'un ou des deux bébés à la naissance pour des questions médicales, il faudra entretenir votre production lactée en exprimant votre lait 8-10 fois par 24 heures (voir rubriques connexes).

- **Vous pouvez allaiter vos jumeaux simultanément, ou l'un après l'autre.** Lorsque vous les allaitez en même temps, votre production lactée sera encore plus grande. Au début de l'allaitement, il peut être plus facile de les allaiter un à la fois afin de vous concentrer sur la prise du sein. **On estime que l'allaitement de jumeaux (alternance de tétées simultanées et consécutives pour les bébés) permet aux parents d'économiser en temps une quinzaine d'heures par semaine !**

- Certaines mères craignent de ne pas développer un lien privilégié avec chacun des bébés si elles les allaitent simultanément, mais inutile de s'inquiéter. Lorsque vous êtes bien installée, vous pouvez avoir les mains libres et ainsi câliner individuellement chaque bébé et leur parler pour créer un lien propre. Si vous choisissez généralement l'allaitement simultané, rien ne vous empêche de nourrir les bébés séparément de temps en temps, par exemple lors d'une sortie ou si un bébé demande plus souvent à téter que l'autre. Certaines mères choisiront d'allaiter simultanément leurs enfants le jour et un après l'autre la nuit, ou vice-versa. À vous de voir ce qui convient le mieux à vos besoins.

- L'allaitement à la demande reste le meilleur moyen de nourrir les bébés s'ils gagnent bien du poids, sinon vous devrez les allaiter plus fréquemment en vérifiant qu'ils aient une bonne prise du sein. Si vous désirez allaiter vos bébés simultanément, adaptez l'horaire au rythme du bébé qui demande le sein le plus souvent. Lorsqu'il réclame le sein, proposez aussi le sein à son jumeau. Sinon, vous pouvez en profiter pour donner du temps à chacun.

- Si vous allaitez vos bébés un à un, donnez un sein par bébé à chaque tétée, puis alternez pour le boire suivant. Cela permettra à chacun de bénéficier de la production lactée des deux seins, tout en ayant une stimulation visuelle égale. Certaines mères attribuent le même sein au même bébé toute la journée, puis changent le jour suivant. Toutefois, si un des bébés a vraiment une succion plus faible, il est important de le faire téter à l'autre sein au cours de la journée.

- Si vous ne pouvez les allaiter au sein exclusivement, l'idéal est que vos bébés n'aient pas à boire au biberon (pour la question de la confusion sein-tétine, voir « Méthodes alternatives »). Par contre, il est toujours temps d'amorcer l'allaitement au sein même si les bébés ont reçu le biberon, le plus tôt sera le mieux. En fait, il faut leur laisser le temps de bien apprendre à téter au sein. Ce n'est pas en tétant au biberon qu'un bébé « apprend » à téter au sein ! De temps à autre, si le besoin s'en fait sentir, un des bébés peut être alimenté à l'aide d'une méthode alternative, avec du lait maternel préalablement exprimé ou de la préparation commerciale pour nourrissons.

Positions d'allaitement simultané

Note : pendant la tétée simultanée, les bébés peuvent se chevaucher et se toucher sans problème. Les jumeaux ont été habitués d'être en contact l'un avec l'autre dans votre ventre et ils aiment retrouver ce contact lors de la tétée. Il arrive même qu'ils se tiennent par la main ! Au début, il vous faudra de l'aide pour placer les deux bébés au sein pour la tétée simultanée, mais avec un peu de pratique, vous y arriverez seule et développerez vos propres trucs. Entre autres, l'idéal est d'avoir les deux bébés sur vous avant de leur présenter le sein, sinon l'enfant au sein risquera de le lâcher lorsque vous tenterez de prendre l'autre bébé... et la mise au sein sera à recommencer.

- **Position football double** : c'est la position football, utilisée de chaque côté. Utilisez de bons oreillers. Plus le coussin d'allaitement ou les oreillers permettront aux bébés d'être placés haut, mais toujours sous le sein, plus confortable ce sera pour vous. Posez vos pieds sur un tabouret ou une petite table basse.

- **Madone traditionnelle et football**. Une des positions les plus faciles à maîtriser si un des bébés a des problèmes de prise du sein. Outre le coussin d'allaitement, vous pouvez mettre des oreillers sous vos coudes et sous les bébés. Le bébé en football a sa tête qui repose sur l'abdomen de l'autre bébé.

- **Madone traditionnelle double** : les deux bébés sont placés au sein un après l'autre, en madone. Un des bébés repose sur le côté de l'autre. Utilisez un coussin d'allaitement ou des oreillers sous vos coudes et sous les bébés, au besoin.

- **Position parallèle :** un des bébés est positionné en madone, et l'autre en position football « modifiée », son corps étant placé dans le même sens que l'autre bébé, parallèle. Prévoyez des oreillers pour soutenir les coudes et les bébés.

- **Pour allaiter en position couchée sur le dos** : vous êtes presque tota-
lement couchée sur le dos, avec deux oreillers sous la tête. Placez vos
bébés sur vous, leurs ventres contre le vôtre, au sein, en formant un V,
leurs genoux se touchant.

Poussée de croissance des multiples

Vos bébés feront parfois leurs poussées de croissance en même temps, et en
d'autres moments à quelques jours d'intervalle. Ce moment peut être pénible
si vos bébés demandent le sein à tour de rôle toute la journée, mais dites-
vous que cela ne durera généralement qu'une ou deux journées. Pourquoi
ne pas profiter de ces moments pour relaxer dans un bon fauteuil, lire ou
regarder un bon film?

Des triplés?

Avec de l'aide pour l'entretien de la maison et pour porter un bébé de temps à
autre, il est aussi possible d'allaiter des triplés ! Au besoin, les parents peuvent
donner un supplément de préparation commerciale pour nourrissons à l'aide
d'une méthode alternative. Il vaut toujours mieux allaiter, même partiellement,
que pas du tout. Dans le cas de triplés, pendant que deux bébés sont allaités,
l'autre enfant attend qu'un des bébés ait terminé pour boire au sein ou reçoit
le lait à l'aide d'une méthode alternative. Une rotation des bébés « allaités en
premier » doit être faite à chaque tétée.

Allaitement pendant la grossesse

La poursuite de l'allaitement est possible pendant la grossesse. Si vous allaitez
et que vous êtes enceinte, il se peut que vos mamelons deviennent plus

sensibles. Certaines mères peuvent souhaiter sevrer à cause de l'inconfort que cela cause. Une des solutions est d'écourter les tétées. La sensibilité des mamelons passe après le premier trimestre de grossesse.

Prévoyez de faire une petite sieste à tous les jours pour vous reposer. Si vous allaitez toujours vers la fin de la grossesse, il deviendra peut-être nécessaire de varier la position d'allaitement, notamment en allaitant en position couchée. S'il s'agit d'un bambin, sa créativité lui permettra sûrement de trouver une position d'allaitement confortable pour vous !

Besoins nutritionnels : La mère qui allaite pendant sa grossesse aura des besoins nutritionnels plus élevés. Vous êtes enceinte et il est normal de gagner du poids régulièrement. Mangez des aliments nutritifs car vous devez répondre à vos besoins et à ceux de l'enfant à naître.

Les contractions utérines qui peuvent être provoquées par l'allaitement (via l'ocytocine), sont sans danger pour le bébé à naître et sont très rarement la cause d'accouchements prématurés. Les relations sexuelles font relâcher dans votre corps beaucoup plus d'ocytocine que l'allaitement, causant de puissantes contractions utérines au moment de l'orgasme ! Le mot d'ordre est donc celui-ci : tant que les relations sexuelles ne sont pas proscrites par le médecin pendant votre grossesse à cause d'un risque d'accouchement prématuré, l'allaitement n'a pas à l'être non plus !

Pendant la grossesse, la production lactée diminue et le goût du lait change généralement après le 4e mois de grossesse pour des raisons hormonales. Pour cette raison, c'est près de 7 enfants sur 10 qui se sèvreront d'eux-mêmes.

Allaitement en tandem

Si vous poursuivez l'allaitement pendant la grossesse et que votre enfant veut continuer de téter, vous devrez peut-être décider si vous désirez allaiter simultanément votre nouveau-né et votre enfant plus âgé. Si vous allaitez en tandem, il se peut que vous ressentiez alors un besoin plus important de manger et de boire. Il faut suivre vos instincts en pareil cas.

Avantages : Continuité du lien mère-enfant avec l'aîné grâce à l'allaitement. Soulagement de l'engorgement de la montée laiteuse par l'aîné (s'il y a lieu), assouplissement de l'aréole pour le nouveau-né.

Inconvénients : L'aîné peut momentanément demander plus souvent à téter et s'interposer lors de l'allaitement du nouveau-né, ce qui n'est pas souhaitable. Donnez la priorité des tétées à votre nouveau-né. Vous ou votre conjoint pouvez donner de l'attention à l'aîné qui a besoin de sentir qu'il a toujours sa place auprès de vous. Si l'allaitement en tandem devient éventuellement une source de frustration pour vous, vous pouvez songer à un sevrage en douceur de votre aîné (voir le chapitre « Sevrage »).

Suggestions :

- Vos besoins nutritionnels sont à peu près les mêmes que pendant la grossesse. Les collations nutritives, entre les repas, permettent de vous soutenir.

- Au cours des jours qui suivent la naissance, assurez-vous que le nouveau-né reçoit un maximum de colostrum, lequel est **vital** pour lui.

- Votre aîné devrait normalement avoir une autre source principale d'alimentation que le lait maternel. S'il boit encore fréquemment, faites téter le nouveau-né avant. En allaitant vos deux enfants, vos seins seront plus stimulés et vous produirez plus de lait que si vous n'allaitiez qu'un seul d'entre eux. Offrez les deux seins au nouveau-né, et alternez de sein pour les tétées de l'aîné s'il boit souvent au cours de la journée. Si vous êtes inquiète au sujet de la quantité de lait absorbée par le nouveau-né, vous n'avez qu'à compter les couches détrempées et le nombre de selles qu'il fait par jour *(Voir « Indices que tout va bien »)*.

- Vous pouvez, pour certaines tétées, allaiter vos enfants simultanément.

- La formation du lien entre le nouveau-né et sa mère est primordiale, l'allaitement maternel contribue à cet arrimage. L'arrivée d'un nouveau-né dans la famille est un bon moment pour l'aîné de s'ouvrir davantage à son entourage **(le père jouera un rôle très important à ce niveau-là).**

Allaiter un enfant adopté

Eh oui, vous avez bien lu, c'est possible ! Nous ne rentrerons pas ici dans les détails du protocole à suivre, mais voici en toute simplicité en quoi cela consiste : à l'aide d'hormones de synthèse et d'un protocole bien précis, certains médicaments prescrits par le médecin font croire à votre corps que vous avez vécu une grossesse. Évidemment, les seins doivent être stimulés de manière très régulière et fréquentes au cours de la journée à partir d'un certain stade pour déclencher la sécrétion de lait. Si la femme investit de son temps, ses pensées les plus positives et si les conditions gagnantes sont réunies, elle commencera tout doucement à produire du lait maternel ! Plusieurs mères ont allaité EXCLUSIVEMENT leurs bébés adoptés pendant plusieurs mois, la plupart du temps en continuant de prendre un médicament appelé Motilium® (dompéridone), dont un des effets non-reconnus officiellement est de faire augmenter le taux de prolactine dans le sang. Certaines mamans ont allaité leurs bébés en ajoutant des suppléments à l'occasion, ce qui est tout aussi extraordinaire et qui a permis aux bébés d'avoir le meilleur aliment qui soit.

Si vous songez adopter et allaiter votre bébé, préparez-vous à son arrivée plusieurs mois à l'avance notamment en mettant en application les protocoles qui ont été élaborés par des spécialistes de l'allaitement. Pour obtenir plus d'informations sur le protocole de « lactation induite », contactez la Fédération Québécoise Nourri-Source ou un autre organisme de soutien à l'allaitement, ainsi qu'une consultante en lactation diplômée.

« Blues » postnatal (alias « baby blues »)

Le « blues » post-partum est un phénomène très fréquent chez les mères. Il est généralement observé entre le 2e et le 10e jour suivant la naissance du bébé. La période se caractérise par des épisodes de larmes, des changements d'humeur et de l'irritabilité. Le blues post-partum se manifeste chez 50 à 80 % des nouvelles accouchées et il est en lien avec des changements hormonaux et l'adaptation à une vie nouvelle. Bien qu'incommodant, il est sans danger. Le blues postnatal peut durer quelques jours, pour un maximum d'environ deux semaines.

Sans regard à l'allaitement maternel, la période immédiate suivant la naissance d'un enfant est **intense en changements majeurs, à tous les niveaux :** physique, couple, famille, statut social, vie professionnelle, etc. La nouvelle mère a peu de temps pour s'adapter à toutes ces transformations, ce qui peut provoquer en elle de l'anxiété, un certain sentiment d'impuissance ou de perte de contrôle.

Suggestions pour éviter le « blues » postnatal

- Cohabitez et favorisez le contact peau à peau avec votre bébé pendant le séjour à l'hôpital et lors du retour à la maison.

- Pour les premières semaines, demandez l'aide de votre conjoint pour les tâches domestiques, les repas et les soins du bébé. S'il est absent, sollicitez l'aide d'une personne significative. L'aide que vous recevrez vous permettra de vous reposer et de vous occuper du bébé. Vous pouvez aussi vous renseigner auprès des organismes de « relevailles ».

- Faites des siestes pendant que votre bébé dort. Allaitez en position couchée.

- Réservez-vous des petits moments pour vous. Pourquoi ne pas faire certaines activités relaxantes? Un bain moussant, une marche dans le parc, la lecture d'un bon livre, écouter de la musique, etc.

- Sortez avec le bébé, allez aux haltes-allaitement par exemple. N'ayez pas peur... bébé est bien partout où vous êtes !

- Partagez votre anxiété et vos craintes avec votre conjoint, une personne qui vous est proche et d'autres mères. N'oubliez pas que le blues post-natal est **passager**. Participez aux activités de Nourri-Source et de votre «maison de la famille». Cela vous changera les idées.

- **L'allaitement n'est pas responsable de votre fatigue ou du blues postnatal.** Pour obtenir du soutien et une oreille attentive, contactez une personne-ressource.

Certaines femmes vivent un phénomène semblable mais de façon beaucoup plus marquée et qui persiste après plusieurs semaines, accompagné de perte d'appétit et d'intérêt pour le bébé. Il peut s'agir de **dépression postnatale**. Si vous croyez être dans cette situation, il est important de consulter rapidement un psychologue ou un professionnel de la santé qui vous aidera à retrouver votre joie de vivre. Quelques rencontres avec un travailleur social du CLSC ou un psychologue peuvent vous aider (nous en avons tous besoin un jour ou l'autre, vous ne faites pas partie d'une minorité...). Si votre médecin traitant croit que vous en avez besoin, il y a des antidépresseurs compatibles avec l'allaitement (www.nourri-source.org). Faire du sport est aussi très efficace.

Sida et allaitement

Il existe une possibilité que le virus du sida (VIH) se transmette de la mère au bébé par le lait maternel. Une mère récemment infectée risque plus de contaminer son enfant. Les risques de contamination du bébé sont beaucoup plus élevés pendant la grossesse et l'accouchement. Les risques de l'allaitement dans ce cas précis doivent être soupesés avec les risques de l'alimentation artificielle. Toutefois, dans nos pays où l'on bénéficie de meilleures conditions de vie en général, il est préférable que la mère n'allaite pas son enfant si elle est porteuse du VIH.

- Non recommandé : allaitement d'un bébé par une femme allaitante autre que sa propre mère (**allaitement par une nourrice, risque élevé de transmission de maladies**), ou bébé alimenté par le lait maternel d'une autre femme, **SAUF si le lait est pasteurisé (voir plus bas) ou s'il provient d'une banque de lait (lactarium).**

Note : Dans les pays en voie de développement ou présentant des conditions de vie où les premières causes de mortalité infantile sont les maladies infectieuses ou la malnutrition (nous avons parfois dans notre propre pays des populations fortement à risque…ne l'oublions pas… !), l'allaitement EXCLUSIF pour les 6 premiers mois, sans aucun autre aliment, peut demeurer la méthode d'alimentation la moins périlleuse ; il y a alors moins de risques de transmission du VIH que s'il s'agit d'un allaitement mixte (étude menée en Afrique du Sud en 2001 puis une autre en 2005). De plus, un médicament (la névirapine) peut maintenant être donné pendant l'accouchement à la mère atteinte du VIH, et au bébé immédiatement après la naissance, lequel diminuerait grandement le risque de transmission du virus à la naissance et pendant l'allaitement.

La pasteurisation du lait maternel semble efficace (la pasteurisation à 60° Celsius pendant 30 minutes détruirait le virus[34]). La pasteurisation du lait maternel pourrait bientôt se faire à la maison avec du matériel approprié, sinon certains hôpitaux peuvent le faire. Cette question de l'allaitement et du VIH sera probablement en évolution au cours des prochaines années suite à d'autres recherches et des avancées médicales. Informez-vous.

34. Jack Newman et Teresa Pitman, «*L'Allaitement: comprendre et réussir avec Dr Jack Newman*», 2006, p. 330-333

155

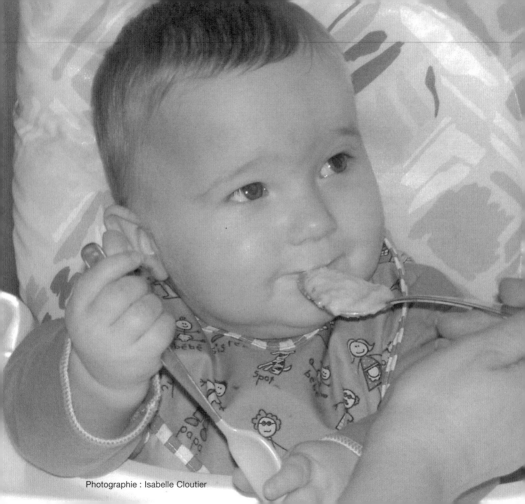

Photographie : Isabelle Cloutier

Chapitre 7 : Sevrage

Le sevrage proprement dit, c'est lorsque le bébé commence à boire ou à manger autre chose que le lait maternel. Pour la plupart des mères, il symbolise plutôt le moment où l'allaitement souhaite être cessé complètement. C'est un moment délicat à traverser, et même le mot peut être difficile à évoquer pour certaines mères, ce qui est bien normal. Ce sont la mère et l'enfant qui devraient décider de son moment, sans subir de pressions extérieures. Le sevrage, qui nécessite toujours certains efforts, est vécu plus facilement sous le signe de la flexibilité. Si vous devez vous séparer de votre bébé pour quelques jours, comme lors d'un **séjour à l'hôpital**, si vous devez **retourner au travail**, qu'une **sortie** est envisagée ou si vous êtes **enceinte**, **vous n'êtes pas obligée de sevrer votre enfant.** Il en est de même s'il est en train de percer des dents…

Si vous devez suivre un traitement médical, de nombreux médicaments sont compatibles avec l'allaitement et nécessitent que très rarement de sevrer *(voir les rubriques « Tests médicaux » et « Médicaments » p. 26-27)*. Renseignez-vous auprès de votre marraine d'allaitement ou de toute autre personne-ressource dans le milieu. **Si on vous mentionne que le médicament prescrit n'est pas compatible avec l'allaitement (information préalablement vérifiée auprès de la ligne IMAGE de l'Hôpital Ste-Justine[35]), demandez qu'il soit remplacé par un médicament compatible avec l'allaitement**.

---

35. La ligne téléphonique IMAGE ne peut être contactée que par les professionnels de la santé. Une des excellentes références pour les médicaments et substances pendant l'allaitement est le livre « *Medications and Mothers' Milk* » du pharmacologue Thomas W. Hale PhD (Pharmasoft Publishing – mis à jour tous les 2 ans).

Il n'y a pas d'âge particulier pour le sevrage. Le Ministère de la Santé du Québec, Santé Canada et l'Organisation mondiale de la santé recommandent que les bébés soient allaités exclusivement jusqu'à 6 mois, et que l'allaitement se poursuive jusqu'à 2 ans et même au-delà, l'important étant de vivre positivement l'allaitement. Chaque mère fixe la durée de son choix. Idéalement, l'étape du sevrage se fait en douceur, de façon lente et progressive, pour ne pas nuire ni à la santé de la mère ni à celle du bébé.

Quelques suggestions :

- Commencez le sevrage lorsque le bébé est en forme. Évitez de le débuter lors d'une poussée de croissance ou d'une maladie.

- Pendant le sevrage et après, il est important que vous donniez autant d'attention et de caresses au bébé pour éviter qu'il se sente sevré de votre affection en même temps. Par l'allaitement, beaucoup de contacts physiques sont offerts automatiquement au bébé.

- S'il est question de remplacer les tétées, il est parfois plus facile pour les premières tentatives de faire donner le boire en question par une autre personne, ou si vous l'offrez, installez-vous autrement que lorsque vous allaitez.

- Le sevrage n'est pas un processus irréversible, bien au contraire. Si vous avez des regrets, que l'état de santé de votre enfant se détériore ou que votre situation change, vous pouvez reprendre les tétées abandonnées (voir « Relactation »). Demandez le soutien d'une personne-ressource en allaitement.

- Avant l'âge de douze mois, selon le type de sevrage choisi et l'âge de l'enfant, il est recommandé d'offrir une préparation commerciale pour nourrissons au bébé. *Toutefois, il existe différentes opinions sur le sujet. Si un bébé de 6-7 mois a une alimentation variée et qu'il mange bien tout en étant allaité partiellement, les préparations commerciales pour nourrissons ne seraient pas autant nécessaires selon le nombre de tétées remplacées, mais leur recommandation font le bonheur de l'industrie du lait artificiel qui voit ses ventes et ses profits augmenter...*

Méthodes de sevrage

Sevrage partiel

Lorsque l'enfant est plus âgé, il arrive que certaines mères ne souhaitent pas sevrer leurs bébés proprement dit, mais désirent remplacer une tétée précise par de la préparation commerciale pour nourrissons ou un autre aliment si le bébé a commencé à diversifier son alimentation. Ce n'est pas un processus irréversible ; si elle le souhaite, la mère peut reprendre cette tétée par la suite. Un autre cas typique est celui où la mère retourne au travail ou aux études, allaitant moins son bébé la semaine et reprenant toutes les tétées la fin de semaine.

Sevrage graduel *(étendu sur six semaines ou plus)*

Cette méthode de sevrage planifié laisse le temps au bébé de s'habituer à un autre « contenant » ainsi qu'à un autre « contenu ». Le sevrage étant graduel, cela vous permettra également d'éviter l'engorgement.

Suggestions :

- **Substituez une tétée à tous les 5-7 jours (ou un plus grand nombre de jours, à votre rythme)** par de la préparation commerciale pour nourrissons, du lait 3.25 % ou d'autres aliments si l'enfant est suffisamment âgé *(voir le livre « Mieux vivre avec notre enfant de la naissance à deux ans »)*. Le lait peut être donné au **gobelet**, à la **tasse,** au **compte-gouttes** selon son âge (si vous optez pour le biberon, attention à la confusion sein-tétine !). Vous pouvez conserver une ou plusieurs tétées par jour aussi longtemps que vous et votre bébé le désirez. Si l'enfant a plus de 6 mois et que son alimentation est diversifiée, vous pouvez adopter la politique du **« je n'offre pas le sein et je ne le refuse pas ».** D'autre part, vous pouvez reprendre un allaitement exclusif ou prédominant à tout moment, pour différentes raisons (allergies, intolérances aux préparations commerciales, etc. *Voir « Relactation » p. 164)*.

- Assurez-vous que votre petit trésor ait **autant de contacts physiques pendant le sevrage qu'avant** (proximité avec ses parents et portage).

- Si vous sevrez un bambin plus âgé, différentes astuces peuvent être utilisées pour faciliter le sevrage : impliquer l'autre parent pour changer la routine des repas/tétées, occuper le bambin avec des activités stimulantes, raccourcir le temps de tétée, ne pas offrir le sein et ne pas le refuser non plus en retardant le moment de la tétée à plus tard, faire une entente, négocier avec l'enfant. Le bambin plus âgé en phase de sevrage peut régresser momentanément sur certains aspects de son comportement (sommeil, propreté, insécurité, etc.)

Sevrage naturel

Le sevrage naturel de l'enfant se fait lorsque celui-ci est prêt à cesser l'allaitement de lui-même. Le moment du sevrage est variable ; certains enfants se sèvrent d'eux-mêmes à 18 mois, d'autres à 24 ou 36 mois. Un enfant peut se sevrer avant que sa mère ne le souhaite… La nature est faite ainsi. Il faut alors se féliciter d'avoir allaité tout ce temps et éviter d'avoir des regrets.

Le lait maternel est, à tout moment, un élément important de la diète alimentaire des enfants et il joue un rôle de premier choix dans le développement et l'immunité des enfants. L'allaitement a également un effet sécurisant pour l'enfant et le jeune bambin, qui prendra son indépendance plus facilement par la suite. La mère qui allaite plus longtemps a également des effets bénéfiques pour sa santé, comme des risques diminués d'avoir de l'ostéoporose plus tard dans sa vie, de développer un cancer du sein et des ovaires. Certaines mères qui allaitent leurs bambins plusieurs fois par jour voient le retour de leurs menstruations retardé.

Certaines mères peuvent parfois se sentir mal à l'aise que leurs grands bambins demandent à téter à différents moments de la journée, lorsqu'il y a des visiteurs ou dans des lieux publics. Si c'est le cas, il s'agit simplement d'expliquer les conditions des tétées à l'enfant, en indiquant les limites ou le comportement qu'on attend de lui.

Sevrage brusque *(arrêt de l'allaitement en un court laps de temps)*

Lorsqu'on a le choix, le sevrage brusque n'est jamais recommandé. Il comporte des effets majeurs, comme un engorgement important avec risque de mastite ou d'abcès, des changements hormonaux drastiques et une possibilité que le bébé refuse brutalement le biberon ou le gobelet. Le sevrage brusque peut s'accompagner chez la mère de symptômes grippaux (grande fatigue, fièvre, courbatures). Pour le bébé, l'allaitement n'est pas que le lait maternel, mais tous les gestes et sentiments qui l'entourent : sécurité, proximité, chaleur, etc. En se faisant retirer le sein brutalement, le bébé peut aussi avoir l'impression que l'amour de sa mère lui est enlevé. La chute hormonale qui accompagne ce type de sevrage favorise la dépression postnatale chez les femmes prédisposées, surtout si le sevrage survient peu après l'accouchement. Ce risque physiologique s'ajoute à la tristesse et à la déception qui peuvent accompagner la fin de l'allaitement. Avant de prendre la décision de sevrer brusquement votre bébé, informez-vous auprès d'une marraine d'allaitement ou de toute personne-ressource en allaitement qui pourra vous aider à faire un choix éclairé.

Si après avoir demandé conseil auprès de votre personne-ressource en allaitement, vous n'avez pas d'autres solutions :

- **Tout doit se faire en fonction de l'âge du bébé.** S'il est très jeune, les précautions à prendre seront plus nombreuses (lait de remplacement, accessoires, etc.) que s'il a plus de 6 mois et qu'il a une alimentation diversifiée.

- Il sera probablement plus confortable pour vous de porter un **soutien-gorge bien adapté** pour éviter l'inconfort de l'engorgement (le bonnet devant être un peu plus grand que la taille habituelle).

- Avant de retrancher des tétées, assurez-vous que le bébé accepte son boire au biberon ou avec une autre méthode (gobelet, compte-gouttes). **Évitez de sevrer toutes les tétées au cours de la même journée, une ou deux tétées par jour étant déjà beaucoup demander à votre corps et au bébé... !**

- Tout en prenant beaucoup votre bébé et en lui donnant amour et proximité pendant la journée, si le moment des boires s'annonce difficile, vous pouvez essayer de le laisser avec votre conjoint ou une personne douce et patiente en qui vous avez confiance. Cette personne pourra lui offrir le biberon ou utiliser une autre méthode d'alimentation jusqu'à ce qu'il accepte le biberon. Vous pouvez aussi tenter de donner vous-même les boires, mais en adoptant une posture différente de celle de la tétée au sein. Cela risque d'être tout de même un peu plus difficile si c'est vous qui donnez les boires du bébé au cours des premières journées. Cela peut prendre de 10 à 12 heures, parfois jusqu'à 24 heures avant que le bébé accepte d'être nourri autrement qu'au sein. Il faut être patient. Restez très présente auprès de votre bébé pendant le sevrage pour lui donner beaucoup d'attention, de chaleur et d'amour. La situation est difficile autant pour vous que pour votre enfant.

- Au cours des premières journées, **exprimez du lait (pour être confortable) pour soulager l'engorgement** et adoucir le processus de sevrage (selon le nombre de tétées que le bébé prenait : s'il tétait 8 fois par 24h et que vous n'offrez plus le sein du jour au lendemain, exprimez votre lait 5-6 fois par jour, à intervalles réguliers, selon le confort, et diminuez le nombre d'expressions de jour en jour). **Ne jetez surtout pas votre lait** : mélangez-le à la préparation commerciale ou aux aliments solides, selon le cas.

- **Si vous êtes inconfortable**, faites des applications de froid ou de glace concassée sur vos seins, et s'il y a douleur, vous pouvez prendre un analgésique léger (ex. : acétaminophène, ibuprofène).

- Essayez de demeurer positive et de vous dire que vous avez fait de votre mieux pour votre bébé. Si vous avez un jour un autre enfant, permettez-vous de réessayer d'allaiter. La situation sera sûrement différente.

Après le sevrage, du lait peut être présent dans les seins pendant environ 40 jours, mais certaines mères en ont pendant quelques mois.

Note : Les laxatifs n'ont AUCUN EFFET sur l'engorgement et ne font pas « tarir » la lactation. Restreindre le liquide bu non plus... Le fait de

comprimer les seins est très mauvais, inutile et fortement déconseillé. Cela risque de causer le blocage de canaux lactifères et une mastite.

Retour au sein après un sevrage

L'enfant sevré qui demande à téter

N'ayez crainte si votre aîné redemande à téter lors de l'arrivée du petit dernier, ou s'il a été sevré depuis un moment. Votre enfant tétera peut-être ou pas. À vous de décider si vous souhaitez reprendre l'allaitement. Si votre bambin est sevré complètement depuis quelques mois, il ne sera peut-être plus capable de téter au sein car le savoir-faire s'oublie assez rapidement. Votre enfant a peut-être simplement besoin de plus attention, de sécurité ou d'affection.

Relactation

La relactation consiste à stimuler à nouveau la production lactée après un arrêt partiel ou complet de l'allaitement. La relactation peut se faire quelques jours, quelques semaines ou quelques mois après l'interruption de l'allaitement. Vous pourriez décider de recommencer à produire du lait parce que votre bébé a des allergies aux préparations commerciales, qu'il est malade, parce que vous avez sevré en début d'allaitement à cause de crevasses etc.

Pour réussir une relactation, vous devez être motivée et avoir un bon réseau de soutien dans votre entourage. Une consultante en lactation IBCLC peut aussi vous aider. Le retour de la production lactée dépend de la durée d'interruption de l'allaitement. Si vous n'allaitez plus depuis seulement une semaine, ce sera plus rapide de redémarrer votre lactation que si cela fait deux mois. Vous devrez stimuler vos seins souvent au cours de la journée et de manière régulière, que ce soit par la succion du bébé ou à l'aide d'un tire-lait recommandé. Certaines substances qui favorisent la production lactée peuvent être prises. La préparation commerciale pour nourrissons pourra être donnée au sein avec le **Dispositif d'Aide à l'Allaitement** (D.A.A.) jusqu'à ce que votre production de lait soit de nouveau bien établie. Le fait de continuer à donner le biberon au bébé peut contribuer au fait qu'il refuse le sein et ait de la difficulté à reprendre une succion efficace. Par contre, si vous avez cessé l'allaitement depuis un bon moment et que le bébé persiste à refuser le sein avec le D.A.A., vous pouvez exprimer votre lait et le donner au bébé avec n'importe quelle méthode. Votre enfant bénéficierait du meilleur aliment qui soit.

Quelques suggestions

- Contactez une personne-ressource en allaitement.

- Ayez de la détermination et des attentes réalistes sur la durée que prendra votre projet.

- Si bébé est sevré depuis peu de temps, essayez d'allaiter le bébé lorsqu'il est encore **un peu endormi**, il acceptera plus facilement le sein. Utilisez la technique de la « compression du sein ». Donnez le sein fréquemment (voir chapitre « Conseils généraux »), **mais ne forcez jamais bébé à prendre le sein ou à l'y maintenir contre son gré**. Après la tétée, exprimez votre lait aux deux seins. Si le bébé refuse de téter, persévérez et exprimez votre lait toutes les 3h le jour, et au moins une fois la nuit (20 minutes par sein) à l'aide d'un tire-lait recommandé. Si vous souhaitez que votre bébé reprenne éventuellement le sein, offrez le lait autrement qu'au biberon *(voir prochaine rubrique, « Méthodes alternatives »).*

- Pendant la tétée, utilisez le Dispositif d'Aide à l'Allaitement pour donner le lait maternel exprimé ou la préparation commerciale au bébé directement au sein (vous pouvez aussi utiliser un gobelet, un compte-gouttes, mais ces méthodes favorisent moins le retour au sein.) Évitez le biberon et la sucette.

- Certains médicaments, comme *la dompéridone*, peuvent être prescrits par un médecin pour faire augmenter la production lactée (30 mg, 3 fois par jour[36]), le tout jumelé de périodes d'expression fréquentes et régulières. Le fénugrec[37] et le chardon-béni peuvent également être utilisés dans le même but, tel que recommandé par plusieurs spécialistes de l'allaitement (3 capsules, 3 fois par jour de chaque plante).

- Favorisez les contacts peau à peau avec votre bébé.

Avant d'entreprendre une relactation, contactez un groupe d'entraide en allaitement, une personne-ressource en allaitement ou une consultante en lactation IBCLC. Différentes alternatives et stratégies s'offriront à vous.

Méthodes alternatives à l'allaitement au sein

Il arrive parfois qu'un supplément de lait maternel ou de préparation commerciale pour nourrissons doive être donné au bébé pour des raisons médicales. Évidemment, votre lait préalablement exprimé est de loin supérieur

---

36. Jack Newman et Teresa Pitman, « *L'Allaitement : comprendre et réussir avec Dr Jack Newman* », Jack Newman Communications, 2006, p. 117-119.
37. Le fénugrec contribue à abaisser la glycémie des mères diabétiques, peut avoir un effet laxatif, peut incommoder les personnes allergiques aux graminées et peut augmenter l'effet des anticoagulants (ex. Coumadin).

à toute préparation commerciale. D'autre part, les parents souhaitent parfois offrir un boire occasionnel autrement qu'au sein parce qu'ils ont prévu une sortie sans le bébé (il est également possible d'allaiter le bébé partout lors de vos sorties qui sont facilitées par l'allaitement car… rien à amener, à part quelques couches !). Pour un enfant, l'allaitement au sein est un réel apprentissage, nécessitant une technique bien particulière, c'est pourquoi le biberon n'est pas une méthode idéale pour alimenter un tout-petit âgé de moins de 6 semaines car cela peut entraîner une confusion sein-tétine.

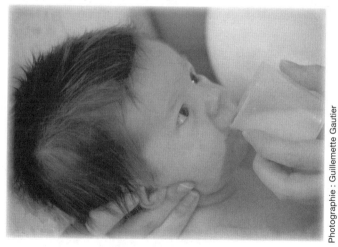

rotated
Photographie : Guillemette Gautier

*Si cela est nécessaire, l'utilisation d'un **gobelet** peut se faire avec un très jeune bébé, même un nouveau-né. Pour d'autres occasions, c'est un des meilleurs moyens alternatifs pour donner un supplément au bébé en l'absence de la mère.*

Voici différents exemples de méthodes alternatives qui peuvent être utilisées pour alimenter des bébés d'âges différents : **Dispositif d'Aide à l'Allaitement (D.A.A.), gobelet ou tasse, cuillère, compte-gouttes, alimentation au doigt avec petit tube.** Il faut être très prudent lorsqu'on utilise de manière régulière et très répétitive une méthode alternative d'alimentation afin de ne pas interférer avec la technique de la tétée au sein (sauf pour le D.A.A., car le bébé tète au sein en même temps). Contactez un organisme de soutien à l'allaitement si vous souhaitez utiliser une de ces méthodes.

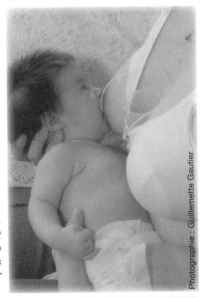

*Utilisation **d'un dispositif d'aide à l'allaitement « maison »** : tubulure no. 5 et petit gobelet placé dans le soutien-gorge, entre les deux seins. L'enfant prend le sein, puis la mère insère le tube dans le coin supérieur de la bouche du bébé.*

Photographie : Guillemette Gautier

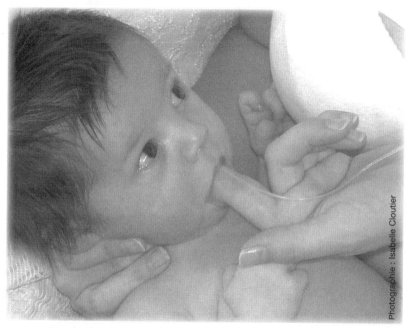

Photographie : Isabelle Cloutier

Ici, le bébé est **alimenté au doigt** à l'aide d'un petit tube de gavage dont l'autre extrémité trempe dans un gobelet contenant du lait maternel. Il faut toujours offrir le doigt le plus gros, l'ongle placé sur la langue en étirant bien le doigt à plat sur celle-ci. Évitez de toucher le palais avec le bout du doigt. Méthode utile pour stimuler un bébé peu tonique et très dormeur pendant quelques minutes, pour ensuite le mettre au sein. **Attention : faites preuve de prudence dans l'utilisation de cette méthode afin de ne pas développer de confusion dans la succion du bébé.**

Chapitre 8 : Divers

Expression manuelle du lait maternel

Note : Si vous exprimez votre lait pour votre bébé né prématurément, suivez les directives de l'hôpital.

Avec un peu de technique et de la pratique, l'expression manuelle du lait est facile et utile. Cette méthode vous rendra de bons services pour préparer la nourriture du bébé ou pour exprimer votre lait de temps en temps. Si vous devez exprimer votre lait pour plusieurs tétées par jour pendant une certaine période, ou si vous êtes séparée de l'enfant à cause d'une maladie ou d'un retour au travail, un tire-lait électrique recommandé, en double expression, sera plus rapide et efficace *(voir appareils recommandés p. 175)*.

Pour les premières expériences d'expression, il faut avoir des attentes réalistes : vous réussirez peut-être à obtenir 15-20 ml de lait, et c'est normal au début. La quantité de lait exprimée n'équivaut pas à la quantité de lait que vous produisez. Votre habileté à exprimer votre lait augmentera avec l'expérience.

Le lait maternel n'est pas blanc comme du lait de vache, car ses composants sont différents. Il peut avoir une teinte bleutée, parfois jaunâtre, et même brunâtre… ! Inutile de s'inquiéter. Il est normal aussi que le lait gras se sépare du lait plus riche en eau. Agitez doucement le lait avant de le donner au bébé, et le tout se mélangera à nouveau.

Quand devrait-on exprimer le lait?

- Un peu au début ou à la fin. Il se peut que le bébé n'ait pas tété tout le lait disponible au 2e sein. Vous pouvez aussi exprimer un peu de lait avant le boire, en le mélangeant par la suite avec du lait plus gras de fin de tétée.

- Profitez du fait que le bébé « saute » une tétée ou boit peu pour exprimer votre lait.

- Vous pouvez aussi prévoir une séance d'expression à un moment précis de la journée, qui vous convient, et qui revient régulièrement tous les jours. Votre corps s'habituera à ce rythme au bout de quelques jours et produira plus de lait.

Comment exprimer le lait maternel

- Lavez bien vos mains.

- Utilisez un récipient propre lavé à l'eau chaude savonneuse, puis rincé à l'eau chaude. Prévoyez un autre récipient propre pour récupérer le lait qui pourrait s'écouler de l'autre sein (vous pouvez également exprimer votre lait pendant que le bébé boit à l'autre sein, profitant du réflexe d'éjection qu'il déclenche.)

- Commencez par masser délicatement le sein avec le bout des doigts pour stimuler le réflexe d'éjection du lait. C'est la clé de la réussite. Un bain ou une douche chaude, des compresses humides chaudes ou l'utilisation d'un bol d'eau tiède-chaude pour faire tremper le sein peuvent aussi faciliter l'éjection du lait. En cas d'engorgement, le chaud n'est pas recommandé, mais plutôt le FROID. Si vous utilisez les compresses tièdes-chaudes, veillez à ce que ce soit seulement quelques minutes pour déclencher le réflexe d'éjection. Après l'expression, appliquez du froid (10-15 minutes). Effleurez vos mamelons ou roulez-les doucement entre le pouce et l'index. Relaxez…, pensez à votre bébé, regardez une photo de lui s'il n'est pas avec vous, ce qui stimulera aussi votre réflexe d'éjection.

- Prenez votre sein dans la main, le pouce sur le dessus placé à l'extrémité de l'aréole, et le reste des doigts sous le sein, au niveau de l'aréole.

- Faites pression « dans » le sein avec le pouce et l'index (vers le thorax), comprimez votre sein, sans faire glisser les doigts et en restant au niveau de l'aréole, dans un mouvement rythmique « pressez-relâchez ». Recommencez. Il faut faire le mouvement à plusieurs reprises pour que le réflexe d'éjection du lait se déclenche.

- Lorsque le flot de lait diminue, déplacez la position des doigts autour de l'aréole, puis recommencez. Effectuez l'opération sur toute la circonférence de l'aréole afin de vider tous les canaux lactifères. Vous aurez peut être besoin au total de 20-30 minutes par sein. Passez ensuite à l'autre sein, en faisant toute l'étape du massage du sein pour stimuler le réflexe d'éjection. Après avoir exprimé le lait de ce côté, revenez au premier sein exprimé, puis à nouveau au deuxième.

- Réfrigérez ou congelez le lait recueilli selon vos besoins, sans oublier d'inscrire la date sur le sac ou le récipient *(voir rubrique « Conservation et utilisation du lait maternel » p.176.)*

* On peut souvent lire « extraction » du lait maternel, mais le véritable terme est « expression ».

Pour mieux visualiser la technique, vous pouvez consulter notre site internet www.nourri-source.org

Utilisation d'un tire-lait

Tout d'abord, un premier point important : ce n'est pas parce que vous allaitez que vous aurez absolument besoin d'un tire-lait. Certaines mères vont se débrouiller facilement avec l'expression manuelle, d'autres préféreront utiliser un bon tire-lait manuel. L'usage d'un tire-lait électrique est plutôt indiqué lorsqu'une mère doit exprimer son lait sur une base régulière, plusieurs fois par jour.

Il existe plusieurs types de tire-lait, manuels ou électriques, disponibles auprès de certains groupes Nourri-Source ou autres organismes de soutien à l'allaitement, auprès des consultantes en lactation, ainsi que dans plusieurs pharmacies. **Certaines marques connues** que l'on retrouve dans les magasins à rayons (qui fabriquent souvent des produits dérivés, comme des biberons, sucettes, tétines, sièges d'auto) **ne sont pas recommandées** parce que leurs tire-lait peuvent blesser les seins, la succion est mal adaptée et ils sont la plupart du temps peu efficaces pour exprimer le lait maternel. Évitez aussi celui qui a une forme de poire/klaxon de bicyclette… blessures aux seins assurées !

Si vous souhaitez acheter un bon tire-lait, vous avez avantage à vous tourner vers les entreprises qui sont véritablement spécialisées dans la fabrication de matériel d'allaitement. **Trois marques sont recommandées dans le milieu de l'allaitement, que ce soit pour les tire-lait manuels ou électriques : Ameda-Egnell® (Hollister®), Avent®, et Medela®.** Certains offrent des entonnoirs de grandeurs différentes (nécessaire, selon le diamètre de vos mamelons. Informez-vous!).

Les **tire-lait manuels** sont les moins coûteux, ils sont faciles d'entretien et certains ont une succion ajustable. Si vous ne devez exprimer votre lait qu'une seule fois par jour pour une courte période, ou bien de manière occasionnelle, un tire-lait manuel sera adapté à vos besoins. Le tire-lait de type « cylindre » est moins recommandé car une utilisation régulière peut parfois faire apparaître une tendinite chez l'utilisatrice.

Les **tire-lait électriques automatiques ou semi-automatiques** (imitant la succion du bébé) sont recommandés si la période d'utilisation s'avère régulière et plus longue, ou si plusieurs séances d'expression sont prévues à chaque jour (bébé prématuré, bébé ou mère hospitalisés, retour au travail, etc.). Avec la plupart de ces appareils, vous pourrez même exprimer votre lait des deux seins à la fois, ce qui fera augmenter votre production lactée et diminuera le temps d'expression (généralement 20 minutes en tout). Ils sont plus chers que les tire-lait manuels, **mais ils sont nécessaires si vous souhaitez entretenir votre production lactée** dans les contextes que nous avons mentionnés. L'utilisation du tire-lait doit demeurer confortable. Vous pouvez en faire l'achat ou la location auprès de certains groupes Nourri-Source ou autres organismes de soutien à l'allaitement, auprès des consultantes en lactation et dans plusieurs pharmacies. N'hésitez pas à vous informer.

Note : il est déconseillé d'utiliser le tire-lait d'une autre personne, sauf si toutes les pièces en contact avec le lait maternel ont été nettoyées puis stérilisées en autoclave selon les recommandations du fabricant. Lorsque les normes de stérilisation sont respectées à la lettre pour le matériel usagé, la situation est sécuritaire, comme c'est notamment le cas pour la stérilisation du matériel opératoire dans les hôpitaux. Pour la location ou l'achat d'un tire-lait électrique usagé, il existe des ensembles d'accessoires stériles neufs qui sont vendus dans le commerce.

Conservation et utilisation du lait maternel

Si vous exprimez votre lait pour votre enfant prématuré ou hospitalisé, les normes de l'hôpital peuvent différer.

Réfrigération et congélation

Le lait humain, qui est **vivant**, contient des anticorps qui **contrecarrent la prolifération bactérienne**. On n'applique donc pas les mêmes normes de conservation pour le lait maternel et les préparations commerciales pour bébés, lesquelles deviennent un produit potentiellement dangereux suite à une stagnation de quelques heures à la température ambiante ! Voici donc les temps de conservation du lait maternel pour un bébé né à terme et en santé, sous des conditions d'hygiène idéales (lavage des mains, des contenants et accessoires à l'eau chaude savonneuse et bien rincés) :

Temps de conservation du lait maternel (bébés à terme et en santé)[38]

Lait maternel fraîchement exprimé.	Environ 6 heures dans une pièce à 25 Celsius.
Lait maternel fraîchement exprimé.	Au réfrigérateur (4° Celsius) : 8 jours.
Congélateur (porte commune avec le frigo).	2 semaines.
Glacière isolée, avec des glaçons réutilisables (15° celsius – lait transporté).	Jusqu'à 24 heures.

---

38. Rebecca Mannel, Patricia J. Martens et Marsha Walker, «*Core Curriculum for Lactation Consultant Practice Second Edition*», Jones and Bartlett, 2008, p. 535. et HMBANA.

Congélateur (porte séparée de celle du frigo. Ne conservez PAS le lait dans la porte).	Environ 6 mois (selon la fréquence de l'ouverture de la porte).
Congélateur-coffre à température constante de -19° Celsius.	Environ 12 mois.

Notez bien : _les durées de conservation ne s'ajoutent pas les unes aux autres. Par exemple, on ne peut conserver le lait maternel 8 jours au réfrigérateur s'il a déjà été laissé à la température de la pièce pendant 10 heures..._

Lait maternel fraîchement <u>exprimé</u>, qui a déjà été chauffé une fois : comme le lait humain est vivant et que la prolifération bactérienne y est contrecarrée, selon les résultats de l'étude citée ci-dessous[39], vous pourriez réfrigérer et utiliser <u>dans les 24 heures</u> du lait déjà chauffé que le bébé n'aurait pas bu complètement. <u>Valable pour le lait maternel SEULEMENT.</u>

Pour la congélation spécifiquement :

- Vous pouvez exprimer votre lait sur une période de 24 heures pour l'accumuler au réfrigérateur avant de le faire congeler. Après 24 heures, faites congeler la quantité recueillie. Vous pouvez ajouter une petite quantité de lait fraîchement exprimé, refroidi au moins 30 minutes, à du lait déjà congelé (il faut que ce soit moins que ce qui est congelé et refroidi auparavant afin d'éviter de faire décongeler la partie supérieure de ce qui est congelé). Pour utilisation future, il est plus pratique

---

39. R. Brusseau, «_Bacterial Analysis of Refrigerated Human Milk Following Infant Feedings_», mai 1998, pwi.Netcom.com/~rbruss/family/thesis.html

de **congeler le lait maternel par petites quantités variées** (2 à 4 onces au plus – 60 à 120 ml).

- Le lait maternel peut être congelé dans divers types de contenants, qui doivent être nettoyés à l'eau chaude savonneuse et bien rincés auparavant. Le **1er choix est le verre**, car on y conserve plus les qualités du lait. Le **2e choix sont les contenants en plastique sans bisphénol A (BPA)**. Remplir les contenants au 3/4 afin de permettre l'expansion et prévenir les dégâts. Laissez congeler le lait avant de fermer le couvercle.

- Vous pouvez aussi utiliser des sacs de plastique spécifiques pour congélation du lait maternel, ou des sacs stérilisés du commerce (s'ils ne sont pas conçus pour le lait maternel, mettez-en deux d'épaisseur pour les renforcer). Comprimez le sac pour faire sortir l'air avant de le fermer, en laissant au moins 2 cm de libre dans le haut. Une fois congelés, placez les sacs dans un contenant en plastique rigide fermé.

- **Indiquez toujours la date d'expression** sur vos contenants pour congélation (verre ou plastique, sacs) ainsi que la quantité. Placez les contenants **au fond du congélateur**. Commencez par utiliser les dates les plus reculées, en respectant les temps de conservation.

- Si vous nourrissez régulièrement votre bébé avec du lait maternel congelé, utilisez de préférence le lait congelé dans les deux semaines.

Décongélation et réchauffage du lait maternel

- Faites couler de l'eau fraîche dans un récipient contenant le sac ou le contenant de lait (congelé ou pas), en ajoutant progressivement de l'eau tiède. Si vous ne pouvez pas utiliser l'eau du robinet, mettez le contenant de lait dans une casserole remplie d'eau froide, que vous ferez ensuite chauffer doucement (technique bain-marie). Faites en sorte que l'eau ne touche PAS le bouchon. Ne laissez pas le lait maternel dégeler à la température de la pièce. Si vous avez plus de temps, vous pouvez le faire dégeler au réfrigérateur.

- Il est déconseillé de faire chauffer le lait directement versé dans une casserole, sur la cuisinière. **Ne faites pas réchauffer le lait maternel au four à micro-ondes**, car ce type de chaleur détruit des composantes importantes du lait maternel. Le lait perdrait également beaucoup d'anticorps. De plus, il y a toujours un risque de brûlure car le lait n'est pas réchauffé de façon uniforme.

- Une fois décongelé, vous pouvez conserver et réfrigérer le lait sans problème pour une période de 24 heures. On ne peut pas recongeler du lait qui a été décongelé.

Notes :

Lorsque vous dégèlerez votre lait, il pourra y avoir des **grumeaux, et le lait plus gras pourra « flotter » à la surface : c'est normal.** Agitez le contenant pour rendre le lait homogène.

Si vous remarquez que votre lait réfrigéré ou décongelé a une légère odeur de savon ou une odeur rance, cela peut aussi être causé par une **forte teneur en enzyme lipase** dans votre lait (la lipase fragmente en quelque sorte le gras du lait maternel pour qu'il soit plus assimilable par le bébé). C'est sans danger pour votre enfant. Mais s'il refuse votre lait à cause de cela, vous pouvez résoudre ce détail à l'avenir en faisant chauffer doucement et brièvement (frémir, pas bouillir, environ 80 degrés Celsius) le lait maternel fraîchement exprimé pour ensuite le refroidir, puis le congeler si désiré.

Cycle menstruel, contraception et sexualité au cours de la période d'allaitement

Cycle menstruel

Si vous offrez un allaitement exclusif et prolongé à votre bébé, il est possible que vous n'ayez pas de cycles menstruels pendant cette période (varie selon la fréquence des tétées et d'une femme à l'autre). La sécrétion de prolactine dans votre corps, stimulée par des tétées fréquentes, permet l'inhibition de l'ovulation, jusqu'à un certain point. Même dans le cas d'un allaitement mixte (l'enfant reçoit autre chose que le lait maternel), ou si le bébé dort la nuit, plusieurs mères n'auront pas de menstruations pendant plusieurs mois. D'autres femmes verront malgré tout leurs premières menstruations apparaître 6 à 12 semaines après l'accouchement.

D'autre part, une femme peut voir ses menstruations recommencer, puis cesser ensuite ou devenir plus irrégulières au cours d'une certaine période lorsque l'enfant se remet à téter plus fréquemment.

Note : *À cause des variations hormonales qui se produisent au cours des menstruations, il arrive parfois que le goût du lait maternel change un peu pendant quelques jours, ce qui peut faire en sorte que le bébé tète moins souvent, qu'il soit agité lors de la tétée, ou refuse parfois le sein la veille ou le jour 1-2 des menstruations[40].*

---

40. Judith Lauwers et Anna Swisher, «*Counseling the Nursing Mother: a lactation consultant's guide - 4th Edition*», Jones and Bartlett Publishers, 2005 p. 379, 383.

Contraception et fertilité

Méthode de l'Allaitement Maternel et de l'Aménorrhée (MAMA)

L'allaitement est encore dans plusieurs endroits du monde un moyen naturel d'espacer les naissances de 3-4 ans. Lorsque les tétées sont fréquentes jour et nuit, cela permet à de nombreuses mères de ne pas avoir de menstruations pour plusieurs mois. **Encore aujourd'hui, l'effet contraceptif de l'allaitement est fiable à 98 % pour les six premiers mois de vie du bébé <u>SI ET SEULEMENT SI TOUTES LES CONDITIONS SUIVANTES SONT RESPECTÉES À LA LETTRE :</u>**

- Votre bébé a moins de six mois.

- Vous n'avez pas eu de menstruations ou de saignements après le 56e jour suivant votre accouchement, excluant les lochies (saignements qui suivent l'accouchement).

- Vous allaitez bébé au sein <u>exclusivement</u>, donc aucun aliment, autre lait ou eau ne lui est donné.

- Il n'y a pas plus de quatre heures entre deux tétées le jour, et pas plus de six heures la nuit.

Si une seule de ces conditions n'est pas respectée, vous avez des risques de devenir enceinte et ne devriez plus compter sur la MAMA pour éviter une grossesse. Par exemple, si le bébé « dort » une seule nuit de six heures, reçoit autre chose que votre lait, la MAMA n'est plus aussi efficace.

Certains spécialistes de l'allaitement croient que la sucette d'amusement devrait être évitée pour renforcer la MAMA, cela afin de permettre au bébé de stimuler encore plus le sein (et le système hormonal) lors des tétées.

Condom, diaphragme, stérilet et méthodes naturelles de régulation des naissances

Le condom lubrifié avec spermicide ou le diaphragme avec spermicide constituent d'**excellents choix** en ce qui a trait aux moyens de contraception à utiliser pendant l'allaitement. Cependant, si vous utilisez un diaphragme, il est important de faire vérifier vos mesures vaginales après l'accouchement pour l'utiliser. Le dispositif intra-utérin, alias le stérilet (**sans hormones**), peut aussi être employé et n'a aucun effet néfaste sur l'allaitement. Les méthodes naturelles de régulation des naissances peuvent aussi être utilisées, mais il faut bien s'informer auparavant même si on les a déjà pratiquées[41]. Lors de l'allaitement, le système hormonal de la femme se comporte différemment et cela peut modifier les « symptômes » observés. La première méthode naturelle de régulation des naissances qui peut être mise en application après la naissance de votre enfant est la MAMA.

Méthodes contraceptives hormonales

La pilule contraceptive traditionnelle (avec œstrogène) est déconseillée pendant l'allaitement, car elle tend à faire diminuer la production de lait (Kelsey, 1996) et raccourcit la durée totale d'allaitement[42]. **Par contre, la mini-pilule à base de progestérone seulement (Micronor®) peut commencer à être utilisée vers la 6-8ᵉ semaine** après l'accouchement, ce qui permet à

---

41. Pour obtenir plus d'informations, contactez *Seréna (Service de Régulation des Naissances)* au *(514)273-7531. Site internet :* ***www.serena.ca***
42. Il existe plusieurs options, mais si vous souhaitez malgré tout prendre la pilule avec œstrogène, attendez que votre enfant ait 6 mois, que son alimentation soit variée et surveillez votre production lactée de près. Un sevrage pourrait s'ensuivre.

la lactation de s'installer. **Soyez quand même vigilante car des baisses de sécrétion lactée ont été observées avec cette méthode.** Si c'est le cas, vous n'avez qu'à cesser de prendre le contraceptif et attendre quelques jours pour voir votre production de lait augmenter. Le Depo-Provera® peut aussi être employé 6 semaines après votre accouchement, mais comme il s'agit d'une injection dont l'effet dure 3 mois, si vous avez des effets négatifs sur votre lactation, ce ne serait réversible qu'après cette durée...

Pilule du lendemain (contraception d'urgence) : Pour Ovral®, le taux oestrogénique du médicament est plus élevé, et parfois la production lactée de la mère peut diminuer pour quelques jours. Toutefois, comme le traitement se fait en une journée, il n'y a pas de contre-indication face à l'allaitement. Pour Plan B® (progestérone seulement), les effets sur la lactation semblent moindres.

Sexualité

Certaines mères ressentent temporairement une baisse d'intérêt pour la sexualité (libido) après l'accouchement. L'allaitement n'est cependant pas la cause de ce phénomène puisque plusieurs femmes qui n'allaitent pas sont également dans cette situation suite aux fluctuations hormonales des premières semaines. Le fait d'être parents est assez prenant ! La fatigue qui se fait sentir contribue aussi à une baisse d'intérêt pour la sexualité, également chez l'homme. D'autre part, certaines mères qui expérimentent un sentiment intense de paix intérieure et de sensualité grâce à l'allaitement peuvent voir leur libido augmenter.

Il est important d'attendre la fin des lochies avant d'avoir une relation sexuelle avec pénétration vaginale, car le col de l'utérus n'est pas encore refermé. Si votre vie sexuelle cause des tensions, que votre conjoint se sent mis de côté, prenez le temps de lui parler, essayez de comprendre ses sentiments et partagez les vôtres. Le fait que vous vous occupiez du bébé pendant la journée, que la proximité soit intense, sans parler de la fatigue (parfois des séquelles de l'accouchement) sont autant de bonnes raisons qui expliquent la baisse d'intérêt pour la sexualité. Patience, patience… Vous pouvez quand même passer du temps de qualité ensemble. Lorsque votre conjoint vous aide en s'occupant du bébé, en participant à l'entretien de la maison et à la préparation des repas, cela contribue à ce que vous vous sentiez appuyée, plus reposée, moins stressée, donc plus réceptive.

Pendant la période d'allaitement, les femmes ont souvent moins tendance à initier les relations sexuelles. Par contre, un massage (non-sexuel) est souvent apprécié et permet d'éveiller la sensualité. La muqueuse vaginale se lubrifie moins bien au cours des premiers mois d'allaitement et peut être sensible (dû à un taux plus bas d'œstrogène dans le corps), d'où l'intérêt de **prolonger la période des préliminaires**. De plus, pour rendre la pénétration plus confortable, **on peut utiliser un lubrifiant à base d'eau** (ex. : gelée lubrifiante KY®). Évitez d'utiliser des crèmes vaginales à base d'œstrogène, qui peuvent faire diminuer la production lactée. Lors de l'orgasme, sous l'effet de l'ocytocine, le réflexe d'éjection du lait peut parfois se produire. Si cela vous embête vraiment, vous pouvez allaiter le bébé ou exprimer un peu de lait avant de faire l'amour ou mettre vos mains sur vos mamelons lorsque cela se produit. Le réflexe d'éjection cessera. Au besoin, ayez une serviette à portée de main pour absorber le lait. Certaines femmes pourraient préférer conserver leur soutien-gorge, surtout si elles ne désirent pas de caresses sur les seins. Les coussinets d'allaitement aborbent alors le lait d'écoulement.

NOTES

Bibliographie

BEAUDRY, Micheline, Sylvie CHIASSON et Julie LAUZIÈRE, «*Biologie de l'allaitement : le lait, le sein, le geste*», Presses de l'Université du Québec, 2006.

DORÉ, LE HÉNAFF, UDET, BOURRET, APRIL / Institut National de Santé Publique du Québec, «*Mieux vivre avec notre enfant : de la naissance à deux ans*» édition 2009.

GOUVERNEMENT DU QUÉBEC / MINISTÈRE DE LA SANTÉ ET DES SERVICES SOCIAUX, «*L'allaitement maternel au Québec – Lignes directrices*», septembre 2001.

HALE, Thomas W. «*Medications and Mothers' Milk*», Pharmasoft Publishing, 2008.

LAUWERS, Judith et Anna SWISHER. «*Counseling the Nursing Mother: a lactation consultant's guide 4th edition*», Jones & Bartlett, 2005.

LAWRENCE, Ruth et Robert. «*Breastfeeding: A Guide For The Medical Profession 5th edition*», Mosby, 2005.

MOHRBACHER, Nancy et Julie STOCK. «*The Breastfeeding Answer Book*» (third revised edition), La Leche League International, 2003.

NEWMAN, Jack et Teresa PITMAN. «*L'Allaitement : comprendre et réussir avec Dr Jack Newman*», Jack Newman Communications, 2006.

RIORDAN J. «*Breastfeeding and Human Lactation 3rd edition*», Jones and Bartlett, 2005.

WALKER, Marsha, Rebecca Mannel et Patricia J. Martens. «*Core Curriculum for Lactation Consultant Practice, Second Edition*», Jones and Bartlett, 2008.

Études et articles scientifiques :

AMIR, L et K.HOOVER. « *Candidiasis & breastfeeding* », Lactation Consultant Series Two, Unit 6, La Leche League International, 2002.

BAYOT, Ingrid, Institut Co-Naître. Atelier « *Les rythmes du nouveau-né* », 2004.

BRUSSEAU, R. « *Bacterial Analysis of Refrigerated Human Milk Following Infant Feedings* », mai 1998, pwi.Netcom.com/~rbruss/family/thesis.html

BUTTE, N, et al. « *Infant feeding mode affects early growth and body composition* », Pediatrics 2000 ; 106(6) :1355-66.

HOPPE, J. « *Treatment of oropharyngeal candidiasis and candidal diaper dermatitis in neonates and infant: review and reappraisal* », Pediatr. Infect. Dis. J, 1997 (16)9: 885-94.

HOUDEBINE, L.M., L. SAWADOGO et H. SEPHERI, « *Étude de l'action lactogène de la bière* », Entretiens de Bichat, Expansion Scientifique Française, 26 sept. 1990, p. 147-50.

KLOUGART N. et al. « *Infantil colic treated by chiropractors: a prospective study of 316 cases* », J. Manip. Physiol. Ther., 1989; 12(4):281-88.

Ressources en allaitement

Site Internet de l'Association québécoise des consultantes en lactation diplômées de l'IBLCE : www.ibclc.qc.ca

Site Internet du Dr Jack Newman (feuillets et vidéos en différentes langues) : www.nbci.ca

Index

Merci à nos commanditaires!

NOTES

NOTES